dtv

Extreme Schüchternheit, Schulangst, Panik, Angst vor dem Alleinsein, der Dunkelheit oder dem Zahnarzt müssen nicht sein, wenn Eltern sich auf zwei Fähigkeiten besinnen, die jedes Kind besitzt: die Gabe, sich ablenken zu lassen, und eine ausgeprägte Phantasie. Der Kinderarzt Jeffrey Brown empfiehlt, durch Entspannung zunächst Körper und Seele zu beruhigen. Danach gilt es, die Konzentration von etwas Negativem auf etwas Positives umzulenken. Mit Hilfe ihrer Eltern und dem ebenso einfachen wie einleuchtenden Imaginations-Training können Kinder viele Ängste ablegen oder zumindest lernen, sie zu kontrollieren, anstatt sich von ihnen beherrschen zu lassen. Es wird ihnen dadurch leichter fallen, körperlichen oder seelischen Streß zu bewältigen, und ihr Selbstvertrauen wird gestärkt.

Dr. med. Jeffrey L. Brown ist Dozent für Kinderheilkunde am Institut für Kinderheilkunde und Kinderpsychiatrie des Medical College der Cornell University. Außerdem ist er Kinderarzt in eigener Praxis. Er schreibt regelmäßig Beiträge für die amerikanische Elternzeitschrift ›Child‹ und hat bereits zwei Elternratgeber veröffentlicht.

Jeffrey L. Brown

Keine Räuber unterm Bett

Wie man Kindern Ängste nimmt

Aus dem Englischen von
Henriette Zeltner

Deutscher Taschenbuch Verlag

Deutsche Erstausgabe
August 1998
Deutscher Taschenbuch Verlag GmbH & Co. KG, München

Titel der amerikanischen Originalausgabe:
No More Monsters in the Closet
Teaching Your Children to Overcome Everyday Fears and Phobias
Crown Publishers, Inc., New York 1995
ISBN 0-517-88183-7

Umschlagkonzept: Balk & Brumshagen
Umschlagfoto: © Marcus Keresztes
Satz: Design-Typo-Print, Ismaning
Gesetzt aus der Leawood 9'
Gedruckt auf säurefreiem, chlorfrei gebleichtem Papier
Druck und Bindung: C.H. Beck'sche Buchdruckerei, Nördlingen
Printed in Germany · ISBN 3-423-36093-3

Inhalt

Imaginations-Training

Was es ist, warum es funktioniert

»Mein vierjähriger Sohn Michael hat Angst vor Hunden. Was kann ich tun, um ihm zu helfen, damit fertig zu werden?«

Als Kinderarzt werden mir Fragen über Kinderängste fast so oft gestellt wie Fragen zu Schnupfennasen und Windelausschlag. Diese Frage kam von einer Nachbarin, die ich an einem Samstagnachmittag in der Bücherei traf. Lesen Sie, was ich ihr geantwortet habe.

»Verwandeln Sie einen Pfennig in einen Talisman, indem Sie ihn dreimal über den Ellbogen Ihres Sohnes reiben. (Verwenden Sie einen Pfennig, weil Sie ihn problemlos ersetzen können, wenn er verlorengeht.) Als nächstes lassen Sie ihn den Talisman in einer Reihe von Versuchen ausprobieren.

Beginnen Sie in einem Spielzeugladen, wo Sie sich gemeinsam Stoffhunde ansehen. Zeigen Sie ihm, daß ihm diese Hunde nichts tun können, weil er seinen Zauberpfennig dabei hat. An einem anderen Tag gehen Sie mit ihm in eine Tierhandlung, wo es Welpen gibt, die sich in einem Käfig oder hinter einer Glasscheibe befinden, wo ein direkter Kontakt, für den es noch zu früh wäre, gar nicht möglich ist. Fordern Sie ihn auf, Ihnen seinen Zauberpfennig zu zeigen, und erinnern Sie ihn daran, daß er ihn beschützt.

In der nächsten Woche arrangieren Sie einen Besuch bei einem Freund der Familie, von dem Sie wissen, daß er einen braven, gut erzogenen Hund besitzt, den Michael in der Vergangenheit auch schon gesehen hat. Um für eine weitere Erfahrung zur positiven Verstärkung zu sorgen, bitten Sie darum, daß der Hund auf der anderen Seite des Zimmers bleibt. Da Michael seinen Talisman dabeihat, sollte er sich auch in der Nähe des Hundes wohlfühlen. Vielleicht möchte er sogar, daß der Hund näher kommt, aber bevor er diesen Wunsch äußert, sollte er auf keinen Fall dazu gezwungen oder überredet werden, ihn anzufassen. Schließlich können Sie mit ihm in einen Park gehen, von dem Sie wissen, daß Leute dort ihre Hunde spazierenführen. Michael wird seinen Zauberpfennig dabeihaben, und weil er ihn ja schon in einer Menge verschiedener Situationen erfolgreich getestet hat, wird er seine Angst unter Kontrolle haben. Es wird ihm Spaß machen, draußen zu sein, ohne Panik davor, daß ihm ein Hund über den Weg laufen könnte – selbst wenn er mal seinen Talisman nicht in der Tasche hat.«

Alles eine Frage der Phantasie

Hunde sind nur eine der vielen Dutzend häufigsten Ängste und Sorgen, die Kinder irgendwann zwischen Kleinkindalter und Pubertät haben können. Die Methode, die ich Michaels Mutter empfohlen habe, ist ein Beispiel für das, was ich als Imaginations-Training bezeichne: Es bietet Ihnen die Möglichkeit, Ihrem Kind zu zeigen, wie es seine Vorstellungskraft nutzen kann, um Ängste zu überwinden und gleichzeitig mehr Selbstvertrauen zu entwickeln. (Man kann Kindern damit sogar helfen, schlechte Angewohnheiten abzulegen.) Imaginations-Training oder IT hilft Ihrem Kind,

- mit bestimmten oder unbestimmten Ängsten fertig zu werden,
- sein Selbstvertrauen zu stärken und seine Leistungen, ob in der Schule oder im Spiel, zu verbessern,
- körperlichen und seelischen Streß und Schmerz zu lindern.

Vor Jahren hörte ich Vorlesungen über Entspannungstechniken und Streßkontrolle für klinische Psychologen (wichtige Arbeitsmethoden für Kinderärzte, die täglich unglücklichen und verängstigten Patienten beim Entspannen helfen sollen). Damals kam mir der Gedanke, daß man viele der vorgestellten Methoden in viel größerem Umfang nutzen sollte. Zum Beispiel könnten sich Eltern ihrer im Alltag mit ihren Kindern bedienen, genauso wie die klinischen Psychologen es tun, um mit schwerwiegenderen seelischen und körperlichen Problemen umzugehen.

Es ist leicht zugänglich und schon gar nicht komplex – IT funktioniert, indem Sie ganz einfach die Aufmerksamkeit Ihres Kindes vom Problem auf seine Lösung lenken. IT bietet viele Möglichkeiten, um dieses Ziel zu erreichen, abhängig vom speziellen Problem, das Ihr Kind gerade hat, und seinem Alter.

Zu den Methoden des IT gehören *Entspannung,* um Körper und Seele zu beruhigen und zu besänftigen; *Ablenkung,* um die Konzentration von negativ auf positiv umzupolen; Ermächtigung Ihres Kindes oder das *Zurückgewinnen der Kontrolle* über ein Problem (Angst entsteht, wenn das Kind das Gefühl hat, die Furcht hätte die Kontrolle). Und das Beste am IT ist, daß es die individuellen geistigen Fähigkeiten des Kindes nutzt: seine Vorstellungsgabe. Ja, Phantasiespiele, etwas, das die meisten Kinder täglich tun, können tatsächlich helfen, mit Tränen, Ängsten und sogar schlechten Gewohnheiten fertig zu werden; sie können sich in Situationen, die bisher Streß oder Angst bei ihnen erzeugt haben, sicher fühlen. Bei unmittelbaren Problemen, wie einer schmerzenden Wunde oder einer schnell nötigen Impfung, steht die kurzfristige Ablenkung im Vordergrund. In schwierigeren Fällen, wie bei Schüchternheit oder Angst vor der Dunkelheit, geht es um langfristige Fähigkeiten, die nach komplizierteren Lösungen verlangen – kompliziert nicht im Sinne von schwierig, sondern durchdacht. Imaginations-Training umfaßt verschiedene Herangehensweisen, die altersspezifisch sind, aber alle ein gemeinsames Ziel haben: Ihrem Kind zu helfen, mehr Kontrolle über sein Leben zu bekommen und darüber, was in der Folge alles mit ihm passieren wird.

Warum Sie und Ihr Kind das IT brauchen

Vielleicht denken Sie, daß die Angst Ihres Kindes vor Hunden etwas ist, das sich »verwächst«, aber während Sie darauf warten, kann die Sache auch schlimmer werden. Erstens wird Ihre Familie Schwierigkeiten mit dem ängstlichen Kind haben. Zweitens kann die Angst auch eher stärker als schwächer werden, was das Umgehen damit noch schwieriger macht. Manche Eltern neigen dazu, die Angst herunterzuspielen oder zu ignorieren, weil sie hoffen, sie würde dadurch verschwinden. Dieser Schuß kann aber genausogut nach hinten losgehen: Wenn Eltern die Sorgen des Kindes nicht ernst nehmen, kann sein Selbstwertgefühl dadurch Schaden nehmen.

Selbst Eltern, die entschieden haben, offen mit der Angst ihres Kindes umzugehen, können dabei in ein Dilemma geraten: weil sie sich nicht sicher sind, wie sie ihrem Kind helfen sollen, weil es ihnen peinlich ist, ihren Kinderarzt um Rat zu fragen, und weil sie befürchten, daß ihr Kind einen Psychologen brauchen könnte. Interessanterweise haben Eltern, auch wenn sie das selbst nicht so wahrnehmen, die Fähigkeit, ihren Kindern bei den meisten Schwierigkeiten, die auf sie zukommen, zu helfen. Genauso wie sie die Aufmerksamkeit von dem Schnitt im Finger oder einem beängstigenden Geräusch weglenken können, können sie ihren Kindern darin beistehen, ihre Ängste zu beherrschen und die Kontrolle in fast allen furchterregenden Momenten zu behalten. Die Geschichte von Michaels Hundephobie ist nur ein Beispiel dafür, wie Imaginations-Training bereits vorhandene elterliche Fähigkeiten mit einfachen, meist bekannten Mitteln verfeinern kann. Ziel ist es, dem Kind zu helfen, eine Vielzahl von bestimmten, oft frustrierenden, aber ganz normalen Problemen zu lösen. Warum funktioniert das so gut?

Die meisten Kinder lassen sich von Magie bezaubern (die in der Regel von ihnen verlangt, ihre Vorstellungskraft zu benutzen). Die Idee, einen Zauber oder Talisman zu verwenden, »um das Böse fernzuhalten«, ist nicht neu. Eltern sagen oft, »hier, nimm das als Glücksbringer«, und geben ihrem Kind einen Talisman oder ein Familienerbstück. Ihre Elfjährige hat ihren Glückspfennig, ihr Teenager ein Fußballer-T-Shirt, das er unbedingt bei jeder Prüfung tragen muß. Imaginations-Training zeigt Ihnen, wie sich einfache Ideen, zum Beispiel ein Glücksbringer, weiterentwickeln und in Situationen verwenden lassen, bei denen Sie bisher nicht an sie gedacht haben, vom ersten Tag im Kindergarten bis zur Überwindung einer Phobie.

Als ich Michaels Mutter den Vorschlag mit dem Glückspfennig machte, habe ich ihn auf zweierlei Weise »effektiviert«. Der Zauber eines Glücksbringers ist in dem Moment dahin, wo man ihn verliert – es sei denn, es handelt sich um einen alltäglichen Gegenstand, den ihr Kind selbst »verzaubern« kann, indem es ihn dreimal an seinem Ellbogen reibt! Also riet ich ihr, einen ganz normalen Pfennig zu Michaels Glücksbringer zu machen. Es hätte genausogut ein Kiesel aus dem Garten oder ein kleiner Stein aus dem nächsten Park sein können. Auf alle Fälle ist es ein Gegenstand, den Michael immer ersetzen kann, zum Beispiel, falls er unvermutet einen Hund trifft, der »echte« Zauberpfennig aber zu Hause auf seinem Nachttisch liegt. Michael hat schnell gelernt, daß er sich ganz allein einen neuen Talisman machen kann, wann immer er ihn braucht.

Die zweite Komponente ist, daß Michael eine Reihe von Proben absolviert hat. Seine Angst hat sich über eine gewisse Zeit entwickelt; eine Reihe positiver Erfahrungen half ihm, die Angst schrittweise abzulegen, während er gleichzeitig das Vertrauen (zurück)gewann, das ihm bisher fehlte. Obwohl jede Erfahrung ihn in näheren Kontakt mit einem echten Hund brachte, wuchs sein Gefühl von Kontrolle im gleichen Maß. Als einmal ein fremder Hund im Park sein Bein streifte, besaß er schon einen Vorrat positiver Erfahrungen, auf die er zurückgreifen konnte. Ein paar Wochen später fing er bereits an, aus seiner Angst eine Erinnerung zu machen, und als er und seine Mutter einmal einem Husky begegneten, sagte er zu ihr: »Weißt du noch, was ich früher für Angst vor Hunden gehabt hab?« – als ob das schon Monate her wäre.

Kontrolle: Der Schlüsselfaktor

Eine der furchterregendsten Erfahrungen, die man als Kind oder Erwachsener machen kann, ist, keine Kontrolle zu haben und den Ereignissen ausgeliefert zu sein. Sobald man aber ein Gefühl von Überlegenheit wiedergewinnt, nimmt die Angst beträchtlich ab. Wie läßt sich die Kontrolle zurückgewinnen? Indem man sich entspannt und dann seine Aufmerksamkeit auf einen einzigen Gedanken oder eine Vorstellung konzentriert. Sich zu beruhigen gibt einem einen besseren Überblick, und indem man sich konzentriert, kann man das unspezifische Gefühl von Angst in ein bestimmtes Problem verwandeln, dem man sich zuwenden muß. Sie haben dann wieder die Kontrolle, sind in der Lage, sich auf das vorliegende Problem zu konzentrieren und nach einer Lösung dafür zu suchen.

Ein anderes Element, das einem Kind hilft, die Kontrolle zurückzugewinnen, ist die »selektive Wahrnehmung«, die ihm erlaubt, zu ignorieren, was ihm angst macht. Sie ermöglicht ihm, zeitweise zu glauben, daß etwas wahr ist, selbst wenn es das tatsächlich nicht ist, entweder weil es ihm gefällt oder weil es ihm hilft, mit seinem Problem fertig zu werden. Erwachsene benutzen die selektive Wahrnehmung in bestimmten Situationen, um ihren Alltag zu bewältigen. Nehmen wir zum Beispiel das Autofahren. Meistens denken wir uns nichts dabei, wenn wir uns hinters Steuer setzen, auch wenn wir eigentlich wissen, daß das Auto in Wirklichkeit nur eine Maschine ist, an der jederzeit etwas kaputtgehen kann. Wir wissen, daß die Möglichkeit besteht, daß die Bremsen versagen oder daß ein anderes Auto aus dem Nichts auftauchen und mit uns zusammenstoßen kann.

Wir verhalten uns einfach so, als könnte das nicht passieren. Wir funktionieren also genaugenommen auf zwei Ebenen: Auf der einen Ebene steht das Bewußtsein, daß »schlimme Dinge« passieren können, auf der anderen treffen wir die Entscheidung, das im Moment zu ignorieren.

Warum das IT funktioniert

Imaginations-Training in all seinen altersgemäßen Formen funktioniert, weil Menschen schnell zwischen Wirklichkeit und Phantasie hin- und herschalten können. Kinder sind darin besonders gut, viele Erwachsene tun das auch, zum Beispiel wenn sie ein Buch lesen und plötzlich das Gefühl haben, sich selbst in der Geschichte zu befinden – der Autor beschreibt unerbittliche Kälte, und sie frösteln, eine Figur der Geschichte hat einen trockenen Mund, und sie fühlen sich durstig. Sich selbst zu gestatten, so in eine Geschichte einzutauchen, ist eine Form der Phantasie. Manche Kinder bedienen sich ihrer Phantasie, um unangenehme Situationen zu überstehen. Kinder aus unglücklichen Verhältnissen machen sich zum Beispiel vor, ihre Eltern würden nicht dauernd streiten. Oder Phantasie wird auf kreative, unterhaltsame Weise genutzt. Wenn Sie Kinder beobachten, wie sie Superhelden spielen, werden Sie bemerken, daß sie während des Spiels glauben, wirklich dieser Held zu sein.

Kleinere Kinder haben oft Freunde, die nur in ihrer Vorstellung existieren. Vielleicht sind Sie erleichtert zu hören, daß Studien gezeigt haben, daß Kinder mit imaginären Freunden im allgemeinen mehr Sicherheit besitzen als Kinder ohne solche Freunde. So einen Freund zu haben, ist ein gutes Zeichen für eine gesunde seelische Entwicklung! Das Ärgernis mit imaginären Freunden ist, daß Kinder manchmal verlangen, daß der Freund in *jede* Aktivität miteinbezogen wird. Es ist wahrscheinlich in Ordnung für Sie, »ihn« mitmachen zu lassen, solange »er« nicht Ihre ganze Familie durcheinanderbringt.

Wenn Kinder älter werden, wächst ihr Interesse an phantasieorientierten Spielen. Teenager sind berüchtigt dafür, sich alles mögliche und unmögliche auszudenken, von der Affäre mit einem Popstar bis zur Karriere als Atomphysiker, und sie schaffen es, sich eine ganze Phantasiewelt zu errichten.

Einer der Vorbehalte gegen den Fernsehkonsum von Kindern ist, daß es sich dabei um passive Erfahrungen handelt und daß die Kinder dabei ihren Verstand nicht benutzen. Aber sie sind oft mitten in einem Phantasiespiel, während sie fernsehen, so daß ihre Rolle nicht nur passiv ist. Sie werden von der Geschichte so gefangengenommen, daß Sie eine Badewanne ins Wohnzimmer tragen und sie baden könnten, ohne daß sie Sie überhaupt bemerken würden. Egal, ob Kinder sich ihrer Fähigkeit, zwischen Wirklichkeit und Phantasiewelt hin- und herzuspringen, bedienen, um sich selbst zu schützen, um kreativ zu sein oder einfach um Spaß zu haben, sie macht sie besonders empfänglich für das Imaginations-Training.

Imaginations-Training wächst mit

Wie Sie die Methoden dem Alter Ihres Kindes anpassen

Wenn ein Neugeborenes schreit, sehnen seine Eltern den Tag herbei, an dem ihr Kind seine Bedürfnisse in Worten mitteilen kann. Wenn ein Kleinkind nicht begreift, warum es eine Spritze bekommen muß, fragen Eltern sich, wie lange es noch dauern wird, bevor sie rationale Erklärungen abgeben können. Mit dem Imaginations-Training haben sie eine Methode zur Hand, die sie in jedem Alter anwenden können.

Die Ziele und auch die speziellen Techniken ändern sich mit dem Alter Ihres Kindes: Bei Babys und Kleinkindern benutzt man das IT zum Beruhigen; bei Vorschülern kann man damit körperlichen und seelischen Streß abbauen; bei älteren Kindern setzt man das IT bei komplexeren Problemen, wie zum Beispiel geringem Selbstvertrauen, ein. Es gibt natürlich Überschneidungen; das Tempo, in dem ein Kind sich entwickelt, ist individuell verschieden. Die folgenden Erläuterungen zeigen Ihnen, wie Sie die Methoden ändern können, um sie dem Alter, den verbalen Fähigkeiten und dem Horizont Ihres Kindes anzupassen.

Die präverbale Zeit (bis zum Alter von zwei Jahren)

Weil sie komplexe Zusammenhänge noch nicht erfassen, reagieren Babys und Kleinkinder bis zu zwei Jahren am besten auf nonverbale Techniken. Die wirkungsvollste ist Bewegung: jede wiederholte Bewegung, die eine beruhigende Wirkung hat, wie zum Beispiel Schaukeln, Streicheln oder In-den-Arm-Nehmen. Deshalb sind Baby-Wiegen so beruhigend, und deshalb schlafen die meisten kleinen Kinder im Auto so leicht ein.

Händchenhalten oder -streicheln hat auf ältere Kinder eine hypnotische und entspannende Wirkung. Eine ähnliche Reaktion rufen bestimmte Geräusche, der Staubsauger oder die Waschmaschine, hervor. Ein Baby wird schnell reagieren, wenn Sie ihm etwas ins Ohr flüstern, summen oder eine einfache Melodie singen. Die Melodie wird ihm bald vertraut sein: Sie zu hören wird es beruhigen, wenn es traurig ist, und es ablenken, wenn Sie seine Aufmerksamkeit von etwas Unangenehmem, zum Beispiel einer ärztlichen Untersuchung, ablenken wollen.

Aber auch andere Ablenkungsmethoden für diese Altersgruppe sind sehr einfach und direkt. Seifenblasen, eine Spieldose und Spielsachen zum Aufziehen werden die Aufmerksamkeit sofort auf sich ziehen. Sie können auch ein Lieblingsspielzeug oder etwas, das üblicherweise die Aufmerksamkeit Ihres Kindes fesselt, hochhalten und dazu sagen: »Schau mal, hier!« Ein- und Zweijährige reagieren auf optisch ansprechende Bilderbücher. Schlagen Sie einfach das Buch auf, zeigen Sie auf eine bunte Abbildung, und erzählen Sie, was darauf zu sehen ist. Zur Not reicht es auch, Blickkontakt zum Kind aufzunehmen und zu halten.

Die frühe verbale Zeit (zwei bis vier Jahre)

Viele der IT-Techniken für diese Altersstufe ähneln denen für die präverbale Gruppe, sie werden jedoch im Verhältnis zur Reife Ihres Kleinkinds immer umfassender. Während Sie ein Baby mit einem einfachen Spielzeug ablenken konnten, benutzen Sie jetzt Dinge mit komplexeren Bewegungsabläufen, wie zum Beispiel ein Mobile. Bisher hatten Sie den aktiven Part und Ihr Kind blieb eher passiv; jetzt können Sie Ihr Kleinkind durch Sprache aktiv beteiligen. Wenn Sie zum Beispiel ein Bilderbuch als Ablenkung verwenden, schlagen Sie eine Seite auf und stellen ihm einfache Fragen, um seine Aufmerksamkeit zu gewinnen: »Wie heißt das? Hat der Hase einen Namen? Wo läuft er denn hin?« Wenn Sie Seifenblasen machen, lassen Sie Ihr Kind pusten.

Die Sprache, die Sie bei einem Kleinkind benutzen, muß immer noch sehr direkt sein. »Komm, laß mich mal pusten« oder »heile, heile Segen« versteht auch schon ein kleines Kind. Wenn Sie zum ersten Mal mit ihm zum Zahnarzt gehen, wo alles fremd und furchterregend aussieht, können Sie zum Beispiel sagen: »Das hier alles macht dir vielleicht angst, aber ich werde deine Hand halten, so daß dir nichts passieren kann.« So direkt zu reden hat eine doppelte Wirkung: Es ist beruhigend und lenkt die Aufmerksamkeit Ihres Kindes von seinen angstvollen Gedanken auf Sie. Wenn ein Zweijähriger vor einem Hund zurückschreckt, können Sie ruhig sagen: »Ich bin bei dir, so daß er dir nichts tun kann. Komm, wir schauen uns den Hund mal näher an, weil er dir ja nichts tun kann. Manche Hunde machen das, aber die meisten sind lieb.« In einer Streßsituation ist das ungefähr die Länge, die eine »Ansprache« an ein Kind dieses Alters haben sollte. Generell gilt: je jünger das Kind, desto kürzer die Erklärung.

Kleinkinder reagieren weiterhin auf Singen und Summen, und mit zunehmenden verbalen Fähigkeiten werden sie verstärkt mitsingen. Ein Lied aus dem Film ›Schneewittchen und die sieben Zwerge‹ von Walt Disney war der ›Ich-hab-Angst-vor-Ungeziefer-Song‹ meines Sohnes. Am Anfang sangen wir ihn zusammen, aber bald erkannte er ihn als etwas, das ihm half, wann immer er zufällig auf eine Fliege oder Spinne stieß. Wenn Ihr Kind ein Lieblingslied hat, schlagen Sie ihm vor, daß Sie es in furchterregenden Situationen gemeinsam singen oder summen. Ziehen Sie bei der Auswahl eines Liedes alle möglichen Kinderlieder oder Titelmelodien von Kindersendungen in Betracht. Eine tolle Sache ist es auch, eigene Worte zu suchen, die genau auf die besondere Angst Ihres Kindes und die Dinge eingehen, die es wieder glücklich machen können; erfinden Sie eine eigene Melodie dazu, oder benutzen Sie eine, die Ihr Kind schon kennt.

Eine andere Entspannungsmethode, die manchen Kindern in diesem Alter hilft, auf Erwachsene jedoch etwas nervenaufreibend wirkt, ist, dem Kind zu erlauben, seine Angst herauszuschreien – eine tolle Ablenkung. Fordern Sie Ihr Kind auf, so laut, wie es nur kann, zu brüllen, um all seine Ängste herauszulassen – aber nur einmal. Wiederholungen sollten nur mit Ihrer Erlaubnis stattfinden.

Zur Not kann sich ein drei- oder vierjähriges Kind auch mit einem Kaugummi abreagieren; sagen Sie ihm, daß es sich mit jedem Kauen besser und entspannter fühlen wird. Und noch bevor sie selbst welche produzieren können, werden Kinder von Kaugummiblasen begeistert sein. Wenn Sie Blasen machen, ist das eine tolle Ablenkung. Sie werden sehen, daß fast jede Ablenkung geeignet ist, ein ängstliches Kind zu beruhigen.

Die Vorschul- und ersten Schuljahre (fünf bis sechs Jahre)

Das ist das Alter, in dem die Methoden, die stärker auf Imagination beruhen, ins Spiel kommen, wenn Kinder beginnen, auf Dinge wie einen Talisman anzusprechen. Sie sind dann auch alt genug für richtige, wenn auch einfache Entspannungsmethoden. Sie können Fünf- bis Sechsjährigen zum Beispiel beibringen, tief durchzuatmen, wenn sie sich unwohl fühlen. Wenn sie schon zählen können, lassen Sie sie bei jedem Einatmen bis drei zählen, und erklären Sie ihnen, daß sie sich mit jedem Ausatmen immer besser fühlen werden.

Eine andere einfache Entspannungsübung, die Sie ausprobieren können, ist, die ganze Aufmerksamkeit auf ein Körperteil zu konzentrieren. Das geht zum Beispiel leicht mit einem angemalten Daumennagel. Nehmen Sie einen wasserfesten Filzstift, und malen Sie ein lachendes Gesicht auf den Daumennagel Ihres Kindes. Bitten Sie Ihr Kind, sich das Gesicht genau anzuschauen und an nichts anderes zu denken. Vielleicht nehmen Sie das tiefe Atmen als zusätzliches Entspannungselement dazu. Machen Sie Ihr Kind neugierig: »Komm, wir machen ein paar Atemübungen. Du wirst dich wundern, was als nächstes passiert.« Um zu zeigen, was Entspannung bedeutet, fordern Sie Ihr Kind auf, einen Muskel anzuspannen oder seine Faust so fest wie nur möglich zu ballen und dann locker zu lassen. Dabei wird es merken, um wieviel angenehmer sich der entspannte Zustand anfühlt.

Als nächsten Schritt können sich Kinder einen angenehmen Gedanken vorstellen und sich auf ihn konzentrieren.

Sie können das mit einer einfachen Suggestion üben: »Denk an etwas, das du gern tust, oder an einen Ort, wo du gern bist.« Setzen Sie die Übung fort mit der Aufforderung: »Erzähl mir davon.« Beispiele wären ein Kindergeburtstag, ein Familienausflug oder der Wunsch nach einem Haustier. Fordern Sie ein Kind, das sich zum Beispiel einen kleinen Hund wünscht, auf, sich das Tier genau vorzustellen, und helfen Sie ihm dabei zu »sehen«, wie es herumläuft und von dem Kind gestreichelt wird. Beginnen Sie solche Phantasievorstellungen mit »Stellen wir uns doch mal vor, daß ...« oder »Tun wir einfach so, als ob ...«. Machen Sie diese Übung täglich. Manche Kinder können sie mit geschlossenen Augen machen, die meisten werden die Augen dabei aber lieber offen behalten. Wie auch immer, vermitteln Sie Ihrem Kind die Erfahrung, daß es sich dieses Schöne jederzeit vorstellen kann, wenn es sich wohlfühlen möchte.

Wenn Phantasiespiele nicht gerade eine Stärke Ihres Kindes sind (oder wenn Sie lieber mit etwas Einfacherem beginnen), kann auch bloßes Zählen schon sehr entspannend wirken. Vielleicht wollen Sie dabei auf die altbewährten Schäfchen zurückgreifen oder Ihr Kind mit imaginärer Kreide in seiner Lieblingsfarbe Zahlen auf eine imaginäre Tafel schreiben lassen.

Das mittlere Kindesalter (sieben bis zwölf Jahre)

Jetzt können Sie mit anspruchsvolleren, detaillierteren und persönlicheren Phantasievorstellungen beginnen. Was gleich bleibt, ist die Botschaft, die die Übungen des Imaginations-Trainings Ihrem Kind übermitteln. Daß er oder sie

- die Sache im Griff hat;
- sicher ist – weil nichts ihn oder sie verletzen kann;
- überallhin gehen und alles tun kann, was er oder sie möchte.

Das Einzige, was neu ist, ist die besondere Vorstellung oder die Reihe von Vorstellungen, die Sie wählen, und zwar nur unter dem Aspekt, was genau zu Ihrem Kind paßt.

Manche Kinder sind in diesem Alter von Dinosauriern fasziniert. Ein tolles Bild zum Imaginieren wäre der Jurassic Park. Fordern Sie Ihren Sohn auf, sich auszumalen, er wäre in einem riesigen Park voller Dinosaurier und hätte die Kontrolle über sie; er kann jedem beliebigen Tier auf den Rücken klettern und es trägt ihn, wohin auch immer er im Park möchte. Helfen Sie ihm zu sehen, daß er alles unter Kontrolle hat: Während er auf dem Rücken eines Dinos sitzt, ist er für die anderen unsichtbar. Auf diese Weise kann er an jeden anderen heranreiten, so nah er möchte. Um Ihren Sohn noch besser in diese Phantasie zu integrieren, könnten Sie ihn bitten, alle Größen, Formen und Farben der Dinosaurier in dem Park zu beschreiben.

Mädchen sind oft von Meerjungfrauen fasziniert. Vielleicht hat Ihre Tochter Lust, sich vorzustellen, sie würde sich in einer Gruppe von Nixen befinden, eventuell sogar als ihre Königin. Wenn Sie eher individualistisch veranlagt ist, lassen Sie sie sich einen Ozean ganz für sich allein vorstellen, in dem sie schwimmen kann, wohin sie möchte. Wegen ihres langen Fischschwanzes ist sie dabei schneller als alle anderen und unverwundbar.

Ein Hinweis für Eltern zu den geschlechtsspezifischen Vorlieben, die meiner Wahl zugrunde liegen. Niemand ist sich sicher, ob das anerzogen oder angeboren ist, aber viele Jungen scheinen von sich aus eher zu Dinosauriern, viele Mädchen eher zu Meerjungfrauen zu tendieren. Wir haben uns für diese beiden Beispiele entschieden, weil es sinnvoll ist, Kindern Bilder vorzuschlagen, die sie besonders ansprechen.

Um die zehn herum fangen Kinder oft an, sich für technische Dinge zu interessieren. Wenn Ihr Kind zum Beispiel schon mit einem Computer vertraut ist und gern Computerspiele spielt, ist es sinnvoll, ihm zur Ablenkung vorzuschlagen, sich die Szenerie eines Computerspiels vorzustellen: Es kann sich ausmalen, wie es die Hauptfigur hin und her bewegt, um möglichst viele Punkte zu erzielen. Das funktioniert mit anderen Spielen, zum Beispiel Wort-, Rechenspielen oder Rätseln, aber genauso.

Wenn Sie sich über die derzeitigen Vorlieben Ihres Kindes im unklaren sind, verfahren Sie so, wie es ein Arzt oder Therapeut tun würde, bevor er das Kind auf eine bestimmte Vorstellung einzustimmen versucht: Setzen Sie sich mit Ihrem Kind zusammen und stellen Sie ihm folgende Eingangsfragen: Was würdest du dir gerne vorstellen? Was für einen Sport würdest du gerne machen? Möchtest du lieber allein oder mit anderen spielen? Was für Sachen machen dir Spaß? Wovor hast du Angst?

Genieren Sie sich nicht, daß Sie Ihr Kind danach fragen müssen. Der Geschmack von Kindern ändert sich dauernd, und Eltern sind oft die letzten, die erfahren, was im Freundeskreis Ihrer Kinder gerade in oder out ist. Denken Sie daran, daß Sie den Profis immer noch weit voraus sind, weil Sie bereits eine fest etablierte Beziehung zu Ihrem Kind haben, die es ihm leicht macht, Ihnen seine Vorlieben und Abneigungen mitzuteilen. (Und die meisten Kinder werden begeistert davon sein, daß Sie sich dafür interessieren.)

Manchen Eltern hilft es vielleicht, eine Liste der Dinge anzulegen, die ihren Kindern gefallen, und Stichpunkte zu möglichen Phantasiethemen zusammenzustellen. Wenn Ihr Kind sehr sportlich ist, gehören Fußball, Streetball oder Schwimmen dazu. Wenn Ihr Kind Wettkampfsport betreibt, kann es sich vielleicht bestimmte Schläge, Würfe oder andere Techniken vorstellen, die dafür nötig sind – alles unter der Prämisse, daß er oder sie in der Phantasie absolut erstklassig in der jeweiligen Sportart ist. Sie werden ihm helfen, seine Vorstellung durch so viele Sinneserfahrungen wie möglich anzureichern. Die »Feinheiten« einer Reitstunde würden zum Beispiel mit der Beschreibung des Pferdes beginnen. Welche Farbe hat es? Wie groß ist es? Wie riecht es? Wie fühlt es sich an, auf ihm zu sitzen? Welches Geräusch erzeugen seine Hufe auf dem Boden? Ist der Ledersattel weich und glatt? Striegelst du das Pferd manchmal, bevor du es reitest? Generell sollten Sie versuchen, möglichst alle Sinnesorgane in die Vorstellung miteinzubeziehen. Und Sie sollten so viele Metaphern wie möglich in Ihre Beschreibungen einbeziehen: leicht wie eine Feder, bleischwer, zuckersüß, eiskalt – Vergleiche, die ein Bild transportieren.

Das Teenager-Alter (dreizehn bis achtzehn Jahre)

Der Unterschied zwischen den Sieben- bis Zwölfjährigen und Teenagern liegt nicht so sehr in der Veränderung der Interessen – obwohl beide Geschlechter sich jetzt mehr für Musik, Sport, Kleidung und beim Fernsehen stärker für Serien interessieren –, sondern in der weitergehenden Verfeinerung ihrer Phantasievorstellungen. Für einen Siebenjährigen zum Beispiel ist die Vorstellung von Fußball noch relativ einfach: »Du schnappst dir den Ball, rennst aufs Tor zu und schießt den Ball rein. Toll!« Bei einem Teenager müssen Sie sich schon mehr Details und Sinneseindrücke einfallen lassen: »Deine Mannschaft liegt im Rückstand. Du wirst eingewechselt. Erster Ballkontakt, du trickst zwei Abwehrspieler aus, Doppelpaß, Schuß und Tor. Deine Mitspieler fallen begeistert über dich her. Du hörst die Zuschauer toben und deinen Namen schreien.« Auch wenn hier immer noch von Fußball die Rede ist, hat sich das Bild, das Sie zeichnen, gemäß dem Alter Ihres Kindes verändert.

Ja, Sie und Ihr Kind können es schaffen

Inzwischen fragen Sie sich wahrscheinlich, wie Sie das alles umsetzen und Ihr ängstliches Kind dazu bringen können, es mit dem Imaginations-Training zu probieren. Lassen Sie mich zuerst von den Kindern reden. Ihre Liebe zu Phantasiespielen habe ich bereits erwähnt. Auf dieser Basis habe ich in meiner eigenen Praxis verschiedene Methoden, die von Psychologen und anderen Ärzten angewandt werden, getestet. Ich habe herausgefunden, daß Kinder nicht nur empfänglich dafür sind, etwas Neues auszuprobieren, das ihnen helfen kann, ihre Ängste und Probleme in den Griff zu kriegen, sondern daß sie diese Techniken auch extrem erfolgreich lernen und von ihnen profitieren.

Ich möchte Ihnen von einem zehnjährigen Jungen namens Eddie, seinen skeptischen Eltern und einer ganz einfachen Demonstration in meiner Praxis erzählen. Ich bat Eddie, seine Hände auszustrecken und sich vorzustellen, sie wären magnetisch und würden voneinander angezogen. Ich sagte: »Paß auf, was ich dir jetzt zeigen werde. Du wirst sehen, daß das sehr interessant ist. Da gibt es einen Schalter in deinem Kopf, mit dem du die Elektrizität verstärken kannst, so daß sich die Magnete stärker anziehen. Ich möchte, daß du ihn ein bißchen aufdrehst. Jetzt noch ein bißchen. Und noch ein klein wenig.« Während ich sprach, bewegten sich Eddies Hände aufeinander zu. Der Ausdruck auf den Gesichtern seiner Eltern besagte: »Gütiger Himmel! Wie machen Sie das?« Ich erklärte ihnen und Eddie, daß das Imaginations-Training sich auch auf den Körper anwenden läßt und daß der Magnetismus der eigenen Hände eines der vielen Dinge ist, die man damit erreichen kann. Dann fuhren wir fort, über das Problem zu sprechen, das Eddie hatte, und uns Möglichkeiten zu überlegen, wie wir es lösen konnten.

Sie sind sich vielleicht unsicher über Ihre eigene Fähigkeit, Ihrem Kind mit dem Imaginations-Training zu helfen, besonders, sobald Ihre Tochter oder Ihr Sohn der Sprache mächtig ist und andere Ablenkungen braucht als ein hochgehaltenes Spielzeug oder ein Schlaflied. Tatsache ist aber, daß Sie das lernen können; viele Eltern nutzen die Methode instinktiv schon längst.

Manche Eltern sind sehr kreativ; ihnen wird es problemlos gelingen, ihren Kindern selbst die schwierigsten Formen des IT nahezubringen. Andere werden sich mit einer Liste, einer Art Kochbuch mit vielerlei Variationen für die großen Unterschiede, die es bei Kindern gibt, leichter tun. So wie manche Leute geborene Verkäufer sind und Verkaufstechniken ganz leicht lernen, muß anderen alles Wichtige beigebracht werden. Ich möchte Ihnen viele verschiedene Vorschläge für alle hier abgehandelten Problematiken und mehrere Vorschläge für jede Altersgruppe machen. Das wird jenen Eltern helfen, denen das IT nicht von Natur aus leichtfällt, und auch die übrigen auf neue Ideen bringen.

Aber obwohl das IT viele Lösungsoptionen für jedes Problem bietet, bis hin zu Dialogen, die Sie wörtlich übernehmen können, weiß ich aus meiner eigenen Praxis, daß es Eltern gibt, die glauben, sie hätten nicht genug Phantasie (oder überhaupt keine). Sie beharren darauf, daß sie nicht wüßten, was sie tun sollen, oder sich nicht trauten, es überhaupt auszuprobieren. Ich möchte Ihnen versichern, daß Sie es können, daß es Ihnen gelingen wird, den richtigen Ton, die richtigen Worte und die richtige Körpersprache zu finden, um die Verbindung zu Ihrem Kind aufzunehmen, die das Ganze funktionieren läßt.

Als erstes müssen Sie für sich selbst das Gefühl entwickeln, daß Sie Ihrem Kind wirklich helfen können. Und wenn Sie darüber nachdenken, werden Sie daraufkommen, daß Sie tief in Ihrem Inneren bereits wissen, daß das stimmt. Alles, was Sie dafür tun müssen, ist, auf die Erfahrungen zurückzuschauen, die Sie mit Ihrem Kind bereits gemacht haben; denken Sie an die Momente, als es Angst hatte und Sie es beruhigen konnten. Schauen Sie zurück, wie Sie Ihrer

Elternrolle bisher gerecht geworden sind. Denken Sie an all das, was Sie anfangs verunsichert hat und was Ihnen im Rückblick so einfach erscheint: Bekommt mein Baby genug zu essen? Wie oft soll ich seine Windeln wechseln? Halte ich es so richtig im Arm? Schrittweise entwickeln Sie die nötigen Fähigkeiten, und nach einer gewissen Zeit beherrschen Sie sie ohne Nachdenken. Machen Sie sich klar, daß es mit dem Imaginations-Training genauso sein wird. Es wird Ihnen bald zur zweiten Natur werden.

Heutzutage herrscht die Meinung vor, daß Eltern nicht unsicher sein sollten, aber ich stehe auf dem Standpunkt, daß es in Ordnung ist, um sein Kind besorgt zu sein. Wenn eine junge Mutter jedes Mal einen Stich im Herzen spürt, wenn ihr Baby weint, heißt das nur, daß sie ihr Kind liebt und Mitgefühl für es empfindet. Es hat keinerlei tiefere Bedeutung. Die Tatsache, daß Eltern Selbstzweifel oder Unsicherheit empfinden, ist nicht notwendigerweise schlecht. Es ist einfach ein Indikator für ihre Liebe und den Wunsch, dem Kind auf die bestmögliche Weise zu helfen. Sie dürfen sich allerdings von diesen Gefühlen nicht so überwältigen lassen, daß Sie Angst davor haben, etwas auszuprobieren, das Ihrem Kind helfen könnte.

Wenn Sie nach dem »richtigen« Weg suchen, irgendeine der Anregungen aus diesem Buch umzusetzen, denken Sie als erstes daran, daß Sie Ihrem Kind Ihre Liebe zeigen und ihm versichern wollen, daß das, was Sie erzählen, ihm helfen wird. Wenn Ihr Kind Ihnen vertraut, ist die Wahrscheinlichkeit entsprechend groß, daß es akzeptiert, was Sie ihm sagen.

Ihre Kinder werden zustimmen, das Imaginations-Training auszuprobieren, wenn Sie es ihnen auf eine Art und Weise vorstellen, die sie akzeptabel finden; wie Sie das machen, hängt natürlich vom Alter der Kinder ab. Bei jüngeren werden Sie ziemlich konkret sein müssen: »Reib diesen Pfennig dreimal über den Ellbogen, und er wird dir Glück bringen.« Wenn Ihr Kind dagegen älter und die Wahrscheinlichkeit groß ist, daß Sie etwas wie »Oh, Mann, das ist doch der absolute Schwachsinn!« zu hören bekommen, werden Sie anders vorgehen. »Schau'n wir doch mal, was passiert, wenn wir das so machen« oder »Ich hab gehört, daß das wirklich funktionieren soll. Keine Ahnung, warum es was bringen soll, einen Pfennig am Ellbogen zu reiben, aber ich hab gehört, daß es tatsächlich funktioniert.« (Bei einem älteren Kind kommt es vielleicht besser an, den Pfennig in der Faust zu halten, bis er warm ist.)

Im allgemeinen werden Sie Ihre Erklärungen für ein Alter von sechs bis sieben Jahren abändern müssen, aber dazu lassen sich keine festen Regeln aufstellen. Es gibt vielleicht schon clevere Vierjährige, bei denen die ganz konkrete Methode nicht mehr verfängt, und andererseits Siebenjährige, die noch fest daran glauben. Da müssen Sie einfach ein bißchen experimentieren.

Oft müssen Sie in Situationen, die bei Ihrem Kind Panik hervorrufen, strenger und unvermittelter auftreten: Je mehr Angst ein Kind hat, desto eher möchte es, daß Sie ihm sagen, was es zu tun hat, und desto größer ist die Wahrscheinlichkeit, daß es Ihnen zuhört. In solchen Situationen ist es für Ärzte am einfachsten, ihre Patienten mit dem IT bekannt zu machen. Wenn ein Kind vollkommen panisch ist, kann ihm der Kinderarzt sagen: »Mach einfach genau das, was ich dir sage, und alles wird gut.« Wenn es sich dagegen nicht um eine Paniksituation handelt, funktioniert es am besten, einen Satz wie diesen zu sagen: »Schauen wir doch mal, was passiert, wenn wir X, Y und Z machen.« Manchen Eltern fällt es sehr schwer, mit Bestimmtheit vorzugehen, aber es gibt Umstände, die das erfordern, zum Beispiel wenn Ihr

Kind ein Medikament nehmen muß. Lesen Sie in Kapitel 8, wie Sie am besten damit und mit anderen »Unumstößlichkeiten« umgehen können.

Vom praktischen Gesichtspunkt aus ist es wichtig, eine angemessene Sprache zu finden, so daß Sie nicht über den Kopf Ihres Kindes hinweg reden. Wenn Sie unsicher sind, was angemessen bedeutet, werfen Sie einen Blick in Bücher für die Altersgruppe Ihres Kindes. In der Buchhandlung, der Bücherei, im Kindergarten oder in der Schule wird man Ihnen sicher genügend Anregungen dafür geben. Es ist auch wichtig, mit Ihrem Kind auf Augenhöhe zu sprechen. Ein kleineres Kind kann Ihnen beim Sprechen in die Augen sehen, während es Ihnen zugewandt auf Ihrem Schoß sitzt. Bei einem älteren Kind sollten Sie sitzen, während das Kind vor Ihnen steht, oder Sie lassen sich beide bäuchlings auf dem Fußboden nieder.

Sprechen Sie in einem liebevollen Tonfall, der zugleich sicher klingt; wenn Sie zögerlich wirken, wird Ihr Kind an Ihnen zweifeln, und die Idee, die Sie ihm vermitteln wollen, wird nicht greifen. Wenn Sie zuversichtlich klingen, ist die Wahrscheinlichkeit größer, daß Ihr Kind glaubt, was Sie ihm sagen. Benutzen Sie auch eine Stimmlage und eine Situation, von denen Sie aus der Vergangenheit wissen, daß sie beruhigend wirken. Ist zum Beispiel in Ihrer Familie ein Gespräch unter vier Augen effektiver als eine Aussprache beim Abendessen? Hört Ihr Kind Ihnen kurz vor dem Einschlafen besser zu als gleich nach der Schule, wenn es vielleicht noch überdreht ist?

Und schließlich: Legen Sie eine gewisse Dosis Autorität in Ihr Selbstbewußtsein. Das sendet die folgende Botschaft aus: »Ich habe das auch schon erlebt, und ich weiß wirklich, wie ich dir helfen kann. Wenn du ausprobierst, was ich dir vorschlage, wird alles gut werden.« Und wissen Sie was? Das wird es tatsächlich.

Die fünf Schritte des Imaginations-Trainings

Um sicherzugehen, daß Sie keinen wichtigen Schritt des Imaginations-Trainings vergessen haben, prägen Sie sich diese fünf Schritte ein.

ZIEL. Setzen Sie ein Ziel, das Ihr Kind erreichen möchte. Fragen Sie: »Was möchtest Du, daß passiert?«

KONZENTRATION. Fordern Sie Ihr Kind auf, sich auf Ihre Stimme (oder einen Gegenstand oder eine Idee aus Kapitel 3) zu konzentrieren. Sagen Sie: »Hör mir genau zu. Ich kann dir helfen.«

ERKLÄRUNG. Erklären Sie ihm Ihre Vorgehensweise. Sagen Sie: »Wir werden folgendes tun...«

AKTION. Bringen Sie Ihr Kind dazu, mitzumachen. Eigentlich passieren hier zwei Schritte, denn Ihr Kind stellt einerseits das unerwünschte Verhalten ein und beginnt andererseits, die Kontrolle über die Situation wiederzugewinnen. Sie sagen: »Wo bist du am liebsten? Erzähl mir alles darüber.«

TRAINING. Verstärken Sie das Imaginations-Training, indem Sie es zu Zeiten üben, wenn das betreffende Verhalten gar nicht auftritt. Diese Verstärkung durch Üben schafft (Selbst-)Vertrauen. Und sparen Sie nicht mit Lob. Sagen Sie: »Das machst du großartig. Mach weiter so.«

Die Kunst der Ablenkung

Die Grundlagen des Imaginations-Trainings

Um Ihnen einen Eindruck davon zu vermitteln, wie viele Wahlmöglichkeiten Ihnen das Imaginations-Training bietet, erläutern wir Ihnen hier vier verschiedene Techniken für den Umgang mit einer speziellen Kinderangst, der Angst vor Nadeln bzw. Spritzen, dem häufigsten Panikauslöser in Arztpraxen. Diese Vorschläge sind für Vier- bis Achtjährige gedacht, die bereits Impfungen erlebt haben und vor dem Besuch der Praxis Angst haben (oft funktionieren diese Strategien aber auch jenseits dieser Altersgrenzen). Die IT-Techniken wirken beim normalen Piekser in die Fingerspitze zum Blutabnehmen eher als beim Stich in die Vene, lassen sich aber im Prinzip für alle Prozeduren mit Nadeln abwandeln (mehr dazu im Kapitel »Panik vor der Praxis«).

Denken Sie, während Sie unsere Vorschläge lesen, daran, daß es nicht einen einzig richtigen Weg gibt, um die Angst (nicht nur) vor Spritzen zu überwinden. Die beste Methode ist die, die bei Ihrem Kind funktioniert. Sie werden sich vielleicht an eine gewöhnen und irgendwann herausfinden, daß sie nicht immer funktioniert oder daß sie sich abgenutzt hat. Abhängig von den spezifischen Umständen der Angst Ihres Kindes ist eine Methode vielleicht eher geeignet als eine andere. Je mehr Wahlmöglichkeiten Sie haben, desto besser vorbereitet sind Sie darauf, Ihrem Kind zu helfen. Wer unsicher ist, kann unsere Vorschläge Wort für Wort übernehmen, andere werden sie nach Bedarf abändern.

Grundinventar

Der Zauberhandschuh

Wie der Glückspfennig hat der Zauberhandschuh die Macht, das Kind, das ihn trägt, zu beschützen; der entscheidende Unterschied zu einem richtigen Handschuh besteht darin, daß der Zauberhandschuh unsichtbar ist. Helfen Sie Ihrem Kind, ihn sich vorzustellen: zuerst, indem es an ihn denkt, dann, indem es ihn »sieht« und schließlich, indem es ihn »fühlt«. Sagen Sie zum Beispiel folgendes: »Ich möchte, daß du dir einen Handschuh vorstellst, den du über deine Hand ziehst und der sie einschläfert und gefühllos macht. Laß mich dir dabei helfen. Siehst du den Handschuh? Was für eine Farbe hat er? Er sieht aus, als würde er ganz genau auf deine Hand passen. Kannst du alle fünf Finger daran zählen?« Dadurch daß Sie Ihrem Kind viele Fragen stellen, ziehen Sie es tiefer in die Vorstellungswelt hinein. »Und jetzt ziehen wir ihn ganz, ganz langsam über deine Hand. Spürst du, wie jeder Finger hineinrutscht? Jetzt ist jeder Finger hineingekuschelt. Der Handschuh umschließt deine Hand ganz fest. Spürst du das? Es ist gut, denn wenn er ganz eng um deine Hand liegt, kann deiner Hand nichts weh tun.«

Diese Vorstellung lenkt die Aufmerksamkeit Ihres Kindes von der Nadel weg, während Ihre Stimme es entspannt und seine Angst verringert. Diese Technik funktioniert am besten, wenn Sie sie ein paarmal ausprobieren, bevor Sie in die Arztpraxis gehen. Sie können sogar mit dem stumpfen Ende einer Nadel in die Zeigefingerspitze Ihres Kindes piek-sen; höchstwahrscheinlich wird es das nicht einmal spüren. Aber anstatt das Ganze als Vorbereitung auf eine Spritze hinzustellen, machen Sie lieber eine Art Spiel daraus. (Es genügt, Kindern erst einen Tag vorher oder am selben Morgen einen routinemäßigen Arztbesuch anzukündigen.)

Der Zauberhandschuh erfordert Vorstellungsvermögen, und manche Kinder der Altersgruppe von vier bis acht sind einfach noch nicht reif dafür. Es dauert damit in der Arztpraxis auch ein paar Minuten länger, und mancher Arzt oder manche Arzthelferin wird vielleicht nicht bereit sein, da mitzuspielen. In so einem Fall ist der Zaubertupfer eine schnelle Alternative.

Der Zaubertupfer

Bei diesem Ablenkungsmanöver fordern Sie Ihr Kind auf, sich vorzustellen, daß der Alkohol, mit dem der Finger gereinigt wird, diesen auch taub macht. »Ich habe gehört, daß der Doktor (oder die Schwester) eine spezielle Medizin benutzt. Sie ist anders als die, die er (sie) sonst benutzt, und wenn man sie fünfmal über die Fingerspitze reibt, tut die Nadel nicht mehr weh.« Auch hier gilt: Probieren Sie das Ganze vorab zu Hause aus. Spielen Sie das Ritual durch, indem Sie den Finger mit einem wassergetränkten Wattebausch abtupfen. (Selbst wenn Sie Alkohol zu Hause haben, ist es besser, diese »Zaubermedizin« dem Arzt vorzubehalten.) In der Praxis bitten Sie einfach darum, daß die Fingerspitze fünfmal abgerieben wird, während Sie laut mitzählen.

Ablenkungsmanöver

Ein anderer Ansatz ist, die Aufmerksamkeit Ihres Kindes ganz von der Nadel abzulenken. Die einfachste Möglichkeit ist, mit zwei Fingerspitzen Druck auf die Schulter Ihres Kindes auszuüben. Erklären Sie ihm ungefähr so, was Sie tun werden: »Sobald der Arzt deinen Finger reinigt, fange ich an, hier auf deine Schulter zu drücken. Je fester ich drücke, desto tiefer spürst du diesen Druck in deinem Arm, bis hinunter zu deiner Hand. Sag mir, wenn das Gefühl da unten angekommen ist, weil du dann kaum etwas davon spüren wirst, was der Arzt macht.« Beginnen Sie zu drücken, sobald der Arzt oder die Schwester den Finger reinigt; Sie brauchen nur ein paar Sekunden, um den Druck auszuüben und ihn bis in die Hand Ihres Kindes »hinunterzureden«. Während Sie drücken, können Sie auch noch sagen: »Ich fange jetzt an zu drücken. Fühl mal, wie ich deine Schulter fester und fester halte. Spür, wie der Druck deinen Arm hinunterwandert zu deinem Ellbogen. Jetzt ist er schon in deinem Unterarm. Spürst du ihn an deinem Handgelenk? Jetzt verteilt er sich auf deine Finger.« Wenn Ihr Kind sagt, es könne weiter unten im Arm nichts spüren, sagen Sie: »Toll! Dann wird es sogar noch weniger weh tun!« In der Zeit, die Sie brauchen, um die Aufmerksamkeit Ihres Kindes bis in seine Finger zu lenken, ist der Arzt höchstwahrscheinlich schon längst fertig.

Aromatherapie

Manchmal ist es eher der Geruch des Alkohols als die Nadel an sich, was die Angst des Kindes auslöst, weil mit dem Geruch Schmerz assoziiert wird. Wenn Sie also die Sache mit dem Alkohol gelöst haben, wird die Nadel kein großes Problem mehr sein. Als erstes müssen Sie einen Ersatzgeruch wählen, der Ihrem Kind gefällt. Dann helfen Sie ihm dabei, sich vorzustellen, daß es ihn riecht. Wenn es den Geruch von Blumen mag, fordern Sie es vielleicht auf, sich vorzustellen, daß es durch einen Blumengarten spaziert, wo es eine hübsche rote Rose pflückt und daran riecht. Wenn Ihr Kind für den Duft von frischen Schokoladenplätzchen schwärmt, lassen Sie es sich einen Teller mit noch warmen Plätzchen vorstellen, von dem es sich eines nimmt und es in der Mitte auseinanderbricht, um den warmen Schokoladendampf aufsteigen zu lassen. Noch einmal: Je mehr Fragen Sie stellen, um ihm beim Vorstellen zu helfen – »Wie groß ist der Keks? Ist er noch zu heiß zum Hineinbeißen? Sind die Schokostückchen darin eher hell oder dunkel? Ist die Schokolade ganz geschmolzen?« –, desto realer wird es für Ihr Kind sein. Und natürlich werden kleine Mädchen, die gerne mal Mamas Parfum tragen würden, durch einen Spritzer aus einem Taschenflakon wunderbar abgelenkt.

Nadelphobie ist nur eine der vielen Ängste, bei denen Ablenkungstechniken erfolgreich wirken. In den folgenden Kapiteln finden Sie Ablenkungen wie die oben genannten, die ganz spezielle Anwendungsgebiete haben. Sie werden aber auch auf solche stoßen, die in vielen verschiedenen Situationen funktionieren. Ein Beispiel ist das Ausblasen von Kerzen auf einer imaginären Geburtstagstorte. Das paßt für viele Altersstufen und fast immer, wenn Ihr Kind unglücklich ist.

Es ist wirklich kinderleicht: Sie oder Ihr Kind halten die Finger einer oder beider Hände in die Höhe wie Kerzen auf einer Torte. (Wenn Ihr Kind seine eigenen Hände benutzt, hat das den Vorteil, daß es diese Methode in Zukunft auch selbst anwenden kann, wenn Sie gerade nicht dabei sind – zum Beispiel, wenn es mit einem aufgeschlagenen Knie ins Krankenzimmer der Schule muß.) Jetzt bläst Ihr Kind auf alle Finger oder, noch besser, nacheinander auf jeden einzelnen Finger. Sie können vorschlagen, daß es zwischendurch immer wieder tief Luft holt. Erklären Sie ihm, daß die Kerzen heiß sind, die Hitze Schmerzen verursacht, die aber mit jeder Kerze, die es ausbläst, abnehmen. Sie können das Ablenkungsmanöver mit der Torte noch verfeinern, indem Sie eine ganze Geburtstagsparty drumherumbauen: Dabei greifen Sie entweder auf eine sehr gelungene zurück oder entwerfen eine Phantasieparty mit einem Thema, das Ihr Kind bei seiner nächsten Feier gerne hätte.

Ein anderes Beispiel für eine faszinierende spielerische Ablenkung ist eine Unterrichtsstunde; sogar ein Dreijähriger kann sich schon vorstellen, ein Auto fahren, ein Flugzeug fliegen oder auf einem Pferd reiten zu lernen. Oder Sie bitten einfach Ihr Kind, Ihnen alles über sein Lieblingsspielzeug, Lieblingsspiel oder seine Lieblingsgeschichte zu erzählen. Die Handlung eines Lieblingsfilms oder -buchs nachzuerzählen ist sehr fesselnd, und je mehr Sie nach Details fragen, desto mehr wird sich Ihr Kind darauf konzentrieren und desto mehr wird es abgelenkt. Wenn Ihr Kind Ihnen die Geschichte aus seinem Lieblingsbilderbuch erzählen will, helfen Sie ihm, sich vorzustellen, wie es die Seiten umblättert, und fragen Sie es jedesmal, was als nächstes passiert. Machen Sie sich keine Sorgen, daß Sie Ihr Kind damit überfordern: Wenn es um Lieblingsbücher geht, haben Kinder ein erstaunliches Gedächtnis, sie sind oft in der Lage, sie wortgetreu wiederzugeben, bevor sie die Wörter überhaupt selbst lesen können.

Andere ablenkende Nacherzählungen könnten von Ausflügen, wie dem Besuch bei Verwandten in einer anderen Stadt, dem letzten Zoobesuch, Gang zum Spielplatz oder in den Park handeln. Machen Sie die Erinnerung daran lebendiger, indem Sie fragen, was das Kind an dem Tag angehabt hat, wie Sie zum Ziel Ihres Ausflugs gekommen sind und was auf dem Weg dorthin Interessantes passiert ist. Sich eine tatsächliche (erfreuliche) Begebenheit in Erinnerung zu rufen, ist eine gute Technik für ein Kind, das noch keine große Vorstellungskraft entwickelt hat; es muß nur sein eigenes Gedächtnis bemühen. Auf der anderen Seite ist ein phantasievolles Kind oft in der Lage, eine ganz neue Geschichte für Sie zu erfinden, wenn Sie ihm nur eine einfache Frage stellen, wie »Was würdest du lieber als alles in der Welt tun?« oder » Hast du gestern irgend etwas gesehen, von dem du gern ein Bild gemacht hättest?«

Wenn Sie nach Ablenkungen suchen, die die Aufmerksamkeit kleinerer Kinder fesseln, lassen Sie Ihr Kind auf einen Teil seines Körpers, zum Beispiel seinen Fuß, einen Sprung in der Wand oder auch nur auf einen Stift starren. Und wenn es für keinen konkreten Gegenstand zu gewinnen ist, kann auch Ihre Stimme als Mittel der Ablenkung funktionieren. Flüstern bringt ein Kind dazu, genauer hinzuhören, und es hat etwas Geheimnisvolles, das seine Aufmerksamkeit fesselt. Andere akustische Reize, auf die es sich konzentrieren kann, sind Musik, Geräusche in einem Zimmer oder auf der Straße. Zählen funktioniert bei jüngeren Kindern auch gut. Zählen Sie Finger, Bilder an der Wand oder Treppenstufen; oder erweitern Sie das Repertoire, indem Sie Bauklötze oder Perlen zählen, die Sie überallhin mitnehmen können. Die Ablenkung kann optischer, akustischer oder auch sensorischer Natur sein, wie das Berühren verschiedener Oberflächen – vom weichen Polster einer Couch bis zum glatten Holz eines Tisches.

Um das Spektrum möglicher Ideen für Kinder aller Altersstufen noch zu vergrößern, habe ich in einem eigenen Kapitel Phantasiethemen, Aktivitäten und Charaktere aufgelistet, aus denen Sie und Ihr Kind ein eigenes Repertoire zusammenstellen können, wie zum Beispiel Babar und Tom und Jerry. (Die Bücher und Filme, denen diese Figuren entstammen, beliefern Sie zugleich auch mit der altersgemäßen Sprache, die Sie verwenden sollten.) Das ist aber nicht als abgeschlossene Liste zu betrachten, sondern eher als Sprungbrett für weitere Ideen: Das Großartige am Imaginations-Training ist die unbegrenzte Menge von Themen, die allein durch die Vorlieben und Interessen Ihres Kindes bestimmt wird. Scheuen Sie sich andererseits aber auch nicht, dasselbe Bild oder dieselbe Technik immer wieder anzuwenden, wenn es funktioniert.

Grundlegende Bewältigungsstrategien

Bei vielen der Techniken, die ich bisher beschrieben habe, geht es darum, vorübergehende Furcht oder momentanes Unbehagen zu lindern. Ernstere Situationen – wie das Fertigwerden mit täglichen Insulinspritzen, das Überwinden der Furcht vor Schulversagen oder das Bekämpfen von Schüchternheit – erfordern ausgefeiltere Konzepte, wie den unsichtbaren Freund, der Ihrem Kind ungesehen zur Seite steht und es beschützt, oder den Schmerzschalter im kleinen Finger Ihres Kindes, der den Schmerz der täglichen Insulininjektion ausschaltet. Diese Grundkonzepte werden Sie in verschiedener Weise das ganze Buch hindurch angewandt finden.

Der Fingerkreis

Ihr Drittkläßler hat eine Heidenangst davor, in der Schule an die Tafel gerufen zu werden. Das hat nichts mit seinen Fähigkeiten zu tun; er hat einfach Angst davor, vor all seinen Klassenkameraden zu stehen. Mit folgender Erklärung können Sie ihm den Fingerkreis beibringen, der das Selbstvertrauen stärkt: »Als ich so alt war wie du jetzt, hatte ich einen Onkel, der mir das beigebracht hat. Ich bin mir immer noch nicht ganz sicher, wie es funktioniert, aber mein Onkel hat mir damals erklärt: ›Jeder hat Energie, die den Körper verläßt. Wenn du deine Backe anfaßt, fühlst du, daß sie warm ist, weil die Energie den Körper von innen nach außen verläßt. Wenn du aber aus deinem Daumen und Zeigefinger einen Kreis machst, dann fließt die Energie im Kreis und verläßt deinen Körper nicht, sondern macht dich stärker. Drück einfach diese beiden Finger so stark zusammen, daß die Energie nicht verschwinden kann, sondern in deinen Arm zurückfließt und dich stärker macht. Dann bist du in der Lage, all die Sachen zu tun, von denen du denkst, du schaffst sie nicht.‹«

Diese Erklärung ist so formuliert, daß sie auch einem skeptischeren Kind einleuchten wird. Bei Kindern, die fast alles glauben, was Sie ihnen erzählen, können Sie schneller zur Sache kommen und brauchen keine langen Erläuterungen. Tatsächlich geben Sie Ihrem Kind damit einen Glücksbringer, den es jederzeit erzeugen kann, wenn es ihn braucht.

Der unsichtbare Freund

Diese Methode ähnelt dem Fingerkreis, ist aber noch wirkungsvoller, weil sie auf die Neigung eines Kindes für unsichtbare Freunde baut. Als Kandidat kommt dafür ein Superheld oder eine Superheldin in Frage. Sobald ein Kind in die Schule kommt, wird es mindestens eine solche Figur geben, die es bewundert. Das heißt jedoch nicht, daß Ihr Kind fortan eine Superman- oder Batman-Puppe mit sich herumtragen soll, sondern daß es sich die »echte« Figur vorstellt, die an seiner Seite steht. Einen unsichtbaren Freund zu haben ist sehr nützlich, um Verlassensängste zu bewältigen oder in Situationen, die das Kind als potentiell gefährlich wahrnimmt. Den unsichtbaren Freund kann man auch zu Hause gut gebrauchen, weil Ihr Kind abends Angst vor dem Einschlafen hat oder unglücklich ist, wenn Sie es mit einem Babysitter allein lassen.

Der unsichtbare Freund funktioniert am besten, wenn Ihr Kind bereits ein Fan der betreffenden Figur ist. Dann weiß es bereits alles über die Kräfte, die sein spezieller Held hat, und daß er jemand ist, der die Guten beschützt und gegen die Bösen kämpft. Erklären Sie Ihrem Kind: »Wenn ich mal nicht da bin, wird dein unsichtbarer Freund ein Auge auf dich haben, und du weißt ja, daß er nicht zuläßt, daß dir etwas zustößt. Wenn du also in dein Klassenzimmer gehst, möchte ich, daß du dir vorstellst, daß er bei dir ist und dich beschützt.«

Manche Eltern wollen mit Comic-Figuren nichts zu tun haben und suchen sich lieber jemand »wertvolleren« aus, manchmal aus dem religiösen Bereich, zum Beispiel einen Schutzengel.

Wenn Ihr Kind viel Phantasie hat, können Sie auch gemeinsam eine Figur erfinden. Gehen Sie aber immer ins Detail: Wie heißt er oder sie? Welche Farbe haben seine oder ihre Haare, Augen und die Kleidung? Was sind seine oder ihre Stärken? Je genauer Ihr Kind das Bild dieser Figur zeichnen kann, desto realer wird es. Viele Kinder begeistern sich für positiv besetzte Fernsehfiguren. Wenn Ihr Kind ihre Botschaft von Liebe, Freundschaft und Fürsorge versteht, sind sie ideal geeignet. Für ältere Kinder kann der unsichtbare Freund auch eine reale Person sein, die Ihr Kind bewundert, zum Beispiel eine Sportlerin oder ein Schauspieler, solange Sie diese Person in eine Geschichte einbinden können, die zum Ausdruck bringt, daß diese besondere Person ihn oder sie beschützen wird.

Fliegender Teppich, Wolkenflieger, Kissenpalast und andere Fluchtburgen

Manche Kinder, die ängstlich, nervös oder traurig sind, erfahren Erleichterung nicht durch die Vorstellung einer Geburtstagsparty, sondern eher einer Flucht. Sie möchten sich vielleicht vorstellen, daß sie wie ein Vogel fliegen oder hingehen können, wohin sie wollen, nur fort von dem, was sie momentan bekümmert. Oder sie setzen sich auf einen kleinen Teppich (oder ersatzweise auch ein Handtuch) und stellen sich vor, mit ihm auf magische Weise zu fliegen. Sie können Ihr Kind mit fast allem fliegen lassen. Ein Wolkenflieger bietet sich an, wenn Sie gerade draußen sind und dort die Angst oder das Unbehagen Ihres Kindes ansprechen. Lassen Sie es zu den Wolken hinaufschauen und schlagen Sie ihm vor: »Komm, wir wollen diese Wolke in ein Flugzeug verwandeln.« Das ist das perfekte Beispiel dafür, wie Sie etwas, das immer greifbar ist, für eine bestimmte Vorstellung, die Sie gerade brauchen, verwenden können.

Stellen Sie, bevor Sie eine Reise im Wolkenflieger, auf dem fliegenden Teppich oder auch nur auf dem Schaukelpferd vorschlagen, sicher, daß Ihr Kind keine Höhenangst hat, denn das würde den Sinn der Übung ins Gegenteil verkehren! Und selbst wenn es nicht an Höhenangst leidet, sollten Sie Ihr Kind ein bißchen üben lassen: Es soll erst einmal nur vom Boden abheben und ganz niedrig fliegen, bis es sich sicher fühlt. Fordern Sie es auf, sich an beiden Seiten des fliegenden Untersatzes festzuhalten – das gibt Sicherheit. Erklären Sie ihm auch, daß es gar nicht herunterfallen kann. Für manche Kinder müssen Sie alle potentiellen Gefahren ausschließen: Erklären Sie ihm, daß es damit keinen Unfall haben kann, daß unsichtbare Gurte es festhalten. Es soll nur so schnell fliegen, wie es will, und überhaupt nur aufsteigen, wenn es das will. Das Gefährt besitzt auch spezielle Sensoren, die einen Zusammenstoß verhindern. Es muß immer ein eingebautes Sicherheitssystem geben.

Es gibt auch andere Rückzugsmöglichkeiten als solche Phantasiereisen. Helfen Sie Ihrem Kind, sich einen kuscheligen, sicheren, vertraueneinflößenden Platz wie ein imaginäres Kissenschloß zu bauen, das mit Kissen in allen Größen, Formen und Farben vor jeglichen Ängsten schützt.

Der Schmerzschalter im kleinen Finger

Diese Technik zeigt Kindern, wie sie sich in Situationen, die von Angst oder Schmerz geprägt sind, selbst unter Kontrolle bekommen. Die Antwort liegt hier im wahrsten Sinne des Wortes auf der Hand, genauer: auf der Fingerspitze. Sagen Sie zu Ihrem Kind: »Faß den unteren Teil von einem deiner kleinen Finger mit der anderen Hand und leg den oberen Teil des kleinen Fingers wie einen Schalter um. Wenn der Schalter unten ist, spürst du keinen Schmerz.« Wenn Ihre Tochter sich zum Beispiel das Knie aufgeschlagen hat und noch ängstlicher wird, wenn Sie beginnen, die Wunde zu säubern, kann sie den Schalter umlegen und sich so ablenken. Wenn Ihr Sohn einen verstauchten Knöchel bandagiert bekommen soll, sich aber vom Arzt nicht anfassen läßt, kann er mit dem Schalter seine Wahrnehmung und sein Unbehagen abschalten.

Eine besser bekannte Variante dieser Technik ist das Händchenhalten. Ein Kind kann alle Ängste, die es hat, in die Hand einer anderen Person drücken – egal, ob es die der Mama, des Papas oder die einer Krankenschwester ist.

Je stärker es drückt, desto mehr Nervosität oder Schmerz preßt es aus seinem Körper. Das kann man mit dem Aufdrehen eines Wasserhahns vergleichen – je weiter Sie aufdrehen, desto mehr Wasser fließt heraus. Wenn keine Hand zum Halten und Drücken da ist, tut es zur Not auch eine Tischkante, an der entlang die Ängste zu den Tischbeinen und hinunter auf den Boden fließen. Oder es kann einen Fuß fest auf den Boden pressen; je fester er gegen den Boden gestemmt wird, desto enger wird der Bodenkontakt und desto mehr »schlechte Sachen« fließen in den Boden ab. Ein Kind kann auch all seinen Schmerz oder seine Ängste in seine eigene Faust pressen, dann die Hand Finger für Finger öffnen, um sie herauszulassen.

Imaginations-Training in der Praxis

Die Vorstellungen des IT sind dafür gedacht, Kinder zu amüsieren und anzusprechen; noch wichtiger sind aber die ihm zugrundeliegenden Prinzipien: Ihrem Kind ein Gefühl von Kontrolle zurückzugeben und in ihm das Vertrauen aufzubauen, die Probleme, denen es begegnet, lösen zu können.

Jedes der folgenden Kapitel ist einer bestimmten Gruppe miteinander zusammenhängender Probleme und Verhaltensweisen, von Schulangst bis zu Schüchternheit, gewidmet. In jedem Kapitel finden Sie eine Erläuterung des Problems und Vorschläge, wie Sie Ihrem Kind mit dem IT helfen können, es zu lösen. Es gibt nicht nur mehrere Lösungsmöglichkeiten für ein Problem, sondern auch altersspezifische Unterschiede.

Sie werden sich jetzt wahrscheinlich sofort dem Thema zuwenden wollen, mit dem Ihr Kind gerade Schwierigkeiten hat. Am besten wäre es aber, wenn Sie sich die Zeit nehmen würden, alle Kapitel zu lesen, weil sich praktisch jede darin angeregte Vorstellung, jedes Ablenkungsmittel, jedes Phantasiespiel auf die Bedürfnisse Ihres Kindes zuschneiden läßt und ihm oder ihr hilft, jeden furchtvollen Moment der Kindheit zu meistern.

Die Elemente des erfolgreichen Imaginations-Trainings

1. KONTROLLE. Ihr Kind kann mit seinem Wolkenflieger so schnell, wie es will, an jeden beliebigen Ort gelangen.

2. SICHERHEIT. Der imaginäre Ort, an den sich Ihr Kind begibt, oder das Gefährt, das es auf dem Weg dorthin benutzt, sollte immer einen eingebauten Sicherheitsfaktor aufweisen. Im Wolkenflieger zum Beispiel kann Ihr Kind mit dem Lenkrad bestimmen, wie langsam oder niedrig es fliegen möchte.

3. ENTSPANNUNG. Je länger es in seinem Wolkenflieger unterwegs ist, desto glücklicher und entspannter wird Ihr Kind sein.

4. BELOHNUNG. Je mehr es sich entspannt, desto wohler wird Ihr Kind sich fühlen.

Soziale Unsicherheit

Schüchternheit verstehen und abbauen

Wie oft haben Sie diese Szene schon erlebt? Sie haben Gäste bei sich zu Hause und rufen die Kinder, damit sie »Guten Tag« sagen. Die Kinder kommen und nähern sich vorsichtig und zögerlich. Sie ermahnen sie mit Sätzen wie »Was ist los? Ihr kennt Onkel Hans doch noch?« oder »Das ist doch Mamis beste Freundin, Anne.« Aber die Kinder starren Ihre Gäste nur an, als wären es Außerirdische. Trotz der Tatsache, daß es sich hier um Menschen mit vertrauten Gesichtern und einem unbestreitbaren Sicherheitsquotienten handelt, nimmt eines Ihrer Kinder eine defensive Haltung ein, versteckt sich hinter Papas Bein und vermeidet Blickkontakt, während das andere etwas murmelt, das Sie mit »Hallo« übersetzen. Dann ziehen sie sich vielleicht für eine Weile zurück, aber seltsamerweise benutzen sie Onkel Hans nach zwei Stunden als Trampolin und fragen Anne, wann sie das nächste Mal zum Spielen kommt.

Eltern haben oft eine falsche Wahrnehmung, was das Verhalten ihrer Kinder angeht, denn sie kritisieren die natürliche, normale Haltung, die viele Kinder einnehmen, wenn sie mit etwas Unbekanntem konfrontiert werden, als Schüchternheit. So überraschend das auch klingen mag, eine gewisse Schüchternheit ist normal und hilft Kindern, sich in einer neuen Umgebung zurechtzufinden.

Bei jeder Erwachsenen-Party werden nur etwa zwei von zehn Leuten herumgehen und sich unaufgefordert vorstellen: »Hallo, ich bin Vicky. Nett, Sie kennenzulernen.« Zwei werden abseits stehen und hoffen, daß niemand sie bemerkt, und der Rest wird sich vorsichtig bewegen, sich langsam aufwärmen und schließlich unter die Leute mischen. Obwohl die meisten Eltern meinen, daß alle Kinder sozial aufgeschlossen sein sollten, und die Schüchternheitsattacken ihrer Kinder als Phase betrachten, aus der diese schon herauswachsen werden, ist es eine Tatsache, daß deren Verhalten ziemlich genau dem der erwachsenen Partygäste entspricht. Stellen Sie sich die geschilderte Konstellation auf einem Kindergeburtstag vor, und Sie werden sehen, daß die Kinder so ziemlich die gleichen Persönlichkeitsprofile wie die Erwachsenen zeigen: Manche sind gesellig, manche schüchtern und manche irgendwo dazwischen.

Es ist wichtig, zu erkennen, daß eine breite Palette von Verhaltensweisen normal ist. Leider tendieren Eltern, wenn ihr Kind mit anfänglicher Vorsicht und Zurückhaltung auf Leute reagiert, die nicht zur engsten Familie gehören, oder zufällig wirklich schüchtern ist (und es scheint, daß Schüchternheit erblich ist), dazu, das Verhalten ihres Kindes für anormal zu halten. In den meisten Fällen ist das Kind aber weit von einer Anomalie entfernt, sein Verhalten ist einfach eine Facette seiner Persönlichkeit.

Und noch ein Hinweis: Es ist entscheidend, die Ängste eines Kindes weder herunterzuspielen noch zu dramatisieren. Sie sollten Ihrem Kind beistehen, seiner Angst jedoch nicht zu viel Aufmerksamkeit beimessen. Ein Kind könnte daraus Kapital schlagen wollen. Eine leicht zu bewältigende Situation hochzuspielen, kann außerdem die Ängste eines Kindes leicht vergrößern. Und Ihr Ziel ist es schließlich nicht, Ihrem Kind seine Schwächen aufzuzeigen, sondern ihm die Gewißheit zu geben, daß seine Angst wahrscheinlich an einem bestimmten Punkt aufhören wird.

Um zu beurteilen, ob ein wirkliches Problem vorliegt, fragen Sie besser Ihren Instinkt, ob Ihr Kind glücklich ist – ob es selbst über sein soziales Verhalten unglücklich ist oder ob Sie es sind, dem dieses Verhalten Probleme macht. Nicht jeder Mensch liebt Geselligkeit. Manche Erwachsenen sind Einzelgänger, nicht aus Unsicherheit, sondern weil es ihnen schlichtweg genügt, allein ein Buch zu lesen, spazierenzugehen oder Musik zu hören. Sie sind absolut dazu in der Lage, mit anderen Menschen zurechtzukommen, aber sie haben sich für den Moment einfach dagegen entschieden. Was Ihr Kind braucht, ist Ihre Akzeptanz und nicht den Druck, sich dem anzupassen, was Sie möchten. Wenn Sie jedoch spüren, daß Ihr Kind unglücklich ist, weil es gerne geselliger wäre, es aber nicht fertigbringt, könnte eine gewisse Einmischung von Ihrer Seite gerechtfertigt sein.

Schüchternheit ade!

Wo sollen Sie anfangen? Am besten reden Sie als erstes mit Ihrem Kind. Kinder können oft sehr gut erkennen, was ihnen Probleme bereitet, und manchmal sogar kreative Lösungsvorschläge machen. Um ein Gespräch zu beginnen, stellen Sie eine Frage, die Ihr Kind dazu bringt, sich auf das Problem zu konzentrieren und es besser zu verstehen. Sie können zum Beispiel sagen: »Du scheinst immer unruhig zu werden, wenn du mal bei Oma bleiben sollst. Was gefällt dir nicht daran, dort zu sein?« Dann erzählt Ihr Kind Ihnen vielleicht Dinge, an die Sie noch nie gedacht haben, und sobald Sie den Grund des Problems kennen, können Sie durch weitere

Fragen und Antworten Lösungen finden. Machen Sie Vorschläge, aber nicht auf diktatorische Weise – statt anzuordnen, »Mach dies, tu das«, sagen Sie lieber, »Warum versuchst du nicht ...« oder »Ich denke, das wird dir helfen.« Wenden Sie das Imaginations-Training an, indem Sie Ihr Kind in seinem Wolkenflieger (siehe S. 44f.) zur Oma reisen lassen. Beschreiben Sie, wie es den Wolkenflieger durch die Luft steuert, wie es bei der Oma ankommt, die es herzlich empfängt, wie es seine Lieblingsspielsachen und -bücher im Gästezimmer oder in seiner Ecke auspackt, und all die tollen Sachen, die Oma geplant hat. Animieren Sie Ihr Kind zum Mitmachen, indem Sie sich von ihm beschreiben lassen,wie es dort ist und was ihm unangenehm ist. Rüsten Sie es schließlich mit einer Entspannungsmethode aus, die es dort verwenden kann, wie zum Beispiel den unsichtbaren Freund (versichern Sie ihm, daß Oma sicher nichts dagegen hat, auch den bei sich aufzunehmen).

Es gibt eine Menge wirksamer Möglichkeiten, einem wirklich schüchternen Kind, das auch unter dieser Schüchternheit leidet, zu helfen. Regel Nummer 1, besonders bei kleineren Kindern: Spielen Sie die Sorgen des Kindes nicht herunter, sondern nehmen Sie sie ernst. Das Schlechteste, was Sie tun können, ist zu sagen: »Sei nicht albern. Es wird dir auf Robbys Party bestimmt gefallen.« Wenn Sie Ihrem Kind so kommen, haben Sie im Prinzip jede weitere Diskussion abgewürgt. Eine viel bessere Methode ist es, auf die Befürchtung des Kindes sofort und verständnisvoll einzugehen: »Tut mir leid, von diesem Problem zu hören, weil ich weiß, daß es nicht angenehm ist, wenn man sich schüchtern fühlt. Laß uns doch mal überlegen, was wir da tun können.« Diese empathische Einleitung können Sie auch noch weiter ausführen: »Weißt du was? Du hast eine Menge Eigenschaften, die für dich sprechen, und ich wette, viele deiner Freunde fühlen sich auch schüchtern, wenn sie auf eine Party gehen. Vielleicht können wir rausfinden, was daran unangenehm ist und was man dagegen tun könnte.«

Älteren Kindern mit einer komplexeren Denkweise entlocken Sie mit der Frage »Was denkst du, daß man dagegen tun könnte?« – mit Betonung auf dem »du« – oft eine überraschende Antwort. Kinder, die von ihrer Veranlagung bestimmt scheinen, haben dennoch eigene Ideen und Lösungen; sie brauchen vielleicht nur ein bißchen Ermutigung, um sie zu formulieren und zu erproben. Wenn Ihrem Kind auf der Stelle nichts Spezielles einfällt, helfen Sie ihm, sich an eine ähnliche Situation in der Vergangenheit und eine Strategie, die es schon einmal erfolgreich angewandt hat, zu erinnern. Sagen Sie zum Beispiel: »Erinnerst du dich an Monis Party letzten Sommer? Versuchen wir uns doch mal zu erinnern, was du da gemacht hast, um dich wohl zu fühlen. Fangen wir bei dem Moment an, als du reingekommen bist.« Nutzen Sie das als Ausgangspunkt, und bauen Sie von hier aus weiter auf.

Diese Technik funktioniert nicht nur bei besonderen Gelegenheiten, sondern auch in Fällen, wo es ums »Mitmachen« geht. Kinder haben oft Angst davor, bei etwas mitzumachen, was uns eigentlich als großer Spaß erscheint. Dabei spielt es keine Rolle, ob es sich um den Eintritt in einen Sportverein handelt oder darum, mit den Kindern im Nachbarsgarten mitzuspielen. Da Sie wissen, daß Ihr Kind begeistert sein wird, sobald es seine anfängliche Angst überwunden hat, sollten Sie ihm helfen, da hinzukommen.

Die sechsjährige Lilli bettelte seit einem Jahr, seit sie es zum ersten Mal in der ›Sesamstraße‹ gesehen hatte, Stepptanzunterricht nehmen zu dürfen. Nach der ersten Stunde versicherte sie jedoch, daß sie nie wieder dorthin gehen würde, weil sie die anderen Mädchen nicht möge, die sich fast alle untereinander kennen. Es war nicht so, daß diese Mädchen gemein zu ihr oder schon viel weiter gewesen wären; sie waren einfach nur eine unbekannte Gruppe. Das Angebot ihrer Mutter, über die Mütter der Mädchen Kontakt herzustellen, rief keinerlei Reaktion hervor.

Doch als sie Lilli an eine ähnliche Erfahrung – die ersten Tage in einem Sommercamp vor ein paar Monaten – erinnerte, lebte diese auf. »Schon nach ein paar Tagen kanntest du alle Namen und fingst an, dich mit den anderen Kindern anzufreunden. Laß uns doch mal überlegen, wie du dir die Namen dieser Mädchen merken könntest. Nach ein paar Stunden werden sie auch wie alte Freundinnen für dich sein«, versprach ihre Mutter. Dann schlug sie ihr eine IT-Technik vor, um sich die Namen schneller merken zu können: ein imaginäres Notizbuch, in das Lilli die Namen hineinschrieb. Bestärkt durch ihren eigenen früheren sozialen Erfolg, den sie sich in ihrer Erinnerung immer wieder »vorspielen« konnte, und das neue IT-Spiel, um sich die Namen zu merken, ging Lilli voller Selbstvertrauen in die nächste Stunde.

Kinder machen sich oft Sorgen über ihr Auftreten bei solchen Gelegenheiten. Werden sie so lustig sein wie Tim? Werden sie beim Spielen so gut sein wie Melissa? Partys sind ideale Gelegenheiten für einen Einsatz des unsichtbaren Freundes, der in der Tasche oder auf der Schulter Ihres Kindes sitzen kann, um ihm Sicherheit zu geben. Diese stumme Unterstützung kann augenblicklich für Selbstvertrauen sorgen. Mit einem unsichtbaren Freund an seiner Seite wird Ihr Kind bald beginnen, sich selbst als einen Menschen zu sehen, der mit Schwierigkeiten fertig wird. Eine schnelle Entspannungsmethode, wie tiefes Durchatmen oder im Geist Puzzle spielen (siehe S. 135f.), hilft, wenn einem vor lauter Bammel schlecht ist.

Fremden ihre Fremdheit nehmen

Selbst die geselligsten Kids können von einem unbekannten Erwachsenen eingeschüchtert werden, und manchmal aus den unvorstellbarsten Gründen. Anna, eine sehr aufgeschlossene Dreijährige, hatte Panik vor einem Nachbarn ihrer Großmutter, nur weil er versucht hatte, sie mit einer Stimme wie Donald Duck zu amüsieren. Das passierte nur ein einziges Mal, aber noch Monate danach fragte Anna ihre Eltern jedesmal, wenn sie auf das Haus ihrer Großmutter zuging: »Wird der Mann wieder solche Geräusche machen?« Und sie wollte nicht mit ins Haus kommen. Es spielte keine Rolle, daß der Nachbar sie nie mehr mit der verstellten Stimme ansprach – dieses eine Mal hatte genügt.

Anna mußte gegen diese Angst desensibilisiert werden. Um das zu erreichen, empfahl ihr ihre Mutter einen Ablenkungsmechanismus: sich auf ihre Füße und den Fliesenboden im Flur zu konzentrieren und eine Melodie zu summen (das würde alle unerwünschten Geräusche übertönen). Als Alternativen hätten sich auch der Fingerkreis und das Halten von Mamas Hand angeboten. Sie sagte zu Anna: »Du weißt, daß der Nachbar ein netter Mensch ist, er ist sogar ein Freund von Oma und Opa. Aber wenn du ihn nicht magst, schau einfach auf deine Füße, wenn wir an ihm vorbeigehen, dann kann dir gar nichts passieren.« Damit erreichte die Mutter zwei Dinge auf einmal: Indem sie Anna erklärte, daß der Nachbar ein Freund war, stellte sie den Bezug zur Realität her; indem sie ihr eine IT-Methode anbot, nahm sie Annas Angst ernst und half ihr, sie zu überwinden.

Der nächste Schritt war, folgende Idee zu verankern: »Ich werde dich so lange begleiten, wie du möchtest, aber eines

Tages, wenn du größer bist, wirst du Oma und Opa vielleicht auch mal alleine besuchen wollen, und bis dahin ist die Sache sicher in Ordnung.«

Es braucht so überraschend wenig, um eine negative Reaktion hervorzurufen. Kinder nehmen ein Kleidungsstück, einen Gesichtsausdruck oder ein bestimmtes körperliches Charakteristikum wahr, von einem Bart bis zur beeindruckenden Größe oder Statur einer Person. Wenn die Person, die Furcht hervorruft, ein Verwandter ist, eine enge Freundin der Familie oder ein Bekannter, den man einfach nicht meiden kann, wie den Nachbarn der Großeltern, kann das Imaginations-Training die Rettung sein. Lassen Sie Ihr Kind sich vorstellen, der bärtige Onkel Philipp sei einer der Brüder vom Nikolaus, der sehr große Cousin Harald könnte Aladins Geist sein oder ein bekannter Basketballspieler.

Die liebe Verwandtschaft

Fast jeder von uns hatte so eine überschwengliche Tante Tilli in seiner Kindheit. Sie wissen schon, diese Verwandte, die immer so fest in Ihre Backe kniff, daß es weh tat und Sie Reißaus nahmen. Jetzt ist Ihr Kind an der Reihe, Zärtlichkeiten dieser Art und die Angst vor ihnen auszuhalten. Möglich, daß es als Reaktion jeglichen Kontakt verweigert. Aber je schüchterner es erscheint, desto mehr wird die liebe Tante Tilli aufs Händchengeben oder ein Küßchen drängen. Aber kein Geschenk auf der Welt oder noch so gutes Zureden von Ihrer Seite wird Ihr Kind dazu bringen, auf ihrem Schoß zu sitzen oder sich ein Küßchen geben zu lassen. Eine unangenehme, scheinbar aussichtslose Situation für alle Beteiligten. So können Sie die Kluft überwinden:

Um Ihrem Kind ein Zugeständnis abzuringen, warten Sie mit einer weniger unangenehmen Perspektive auf: »Es ist in Ordnung, wenn du nicht auf Tante Tillis Schoß willst, aber du mußt herkommen, dich neben mich setzen und dich mit ihr unterhalten.« Da die Ängste eines Kindes oft mit der Zeit verblassen, könnten Sie – nachdem sich eine gewisse Vertrautheit eingestellt hat – den Besuch bei Tante Tilli damit beenden, daß Sie sagen, wie nett es wäre, Tante Tilli zum Abschied zu umarmen, und selbst mit gutem Beispiel vorangehen. Wenn Sie immer noch auf Widerstand stoßen, schlagen Sie doch folgendes Imaginations-Training vor: »Schau doch einfach in Tante Tillis schöne blaue Augen, wenn du dich in ihrer Nähe unwohl fühlst, in ihnen wirst du sehen, wie gern sie dich hat.«

Wenn Ihr Kind über den bevorstehenden Besuch sehr aufgebracht ist, schlagen Sie ihm eine Entspannungstechnik vor, um sich zu beruhigen, zum Beispiel sich auf ein Bild an der Wand oder auf seine eigenen Fingernägel zu konzentrieren. Sie können auch versuchen, es in die Bewältigung der unangenehmen Gefühle, die der Besuch bei ihm hervorruft, einzubeziehen: »Ich weiß, daß du ihr nicht gerne einen Kuß gibst. Ich mag manche Leute auch nicht gern küssen, aber weißt du einen anderen Weg, wie wir ihr zeigen können, daß wir sie mögen?« Seine Antwort wird das Fundament der Lösung sein.

Der neue Babysitter

Angst vor Babysittern stellt eine besondere Herausforderung dar. Eine Lösung basiert darauf, daß Sie den Babysitter, nicht sich selbst, zum Zentrum der Aufmerksamkeit Ihres Kindes machen. Schließlich ist es auch der Babysitter, der Ihr Kind für sich gewinnen muß; Sie müssen Ihr Kind nicht davon überzeugen, daß der Babysitter okay ist. Bereiten Sie den Babysitter auf IT-Techniken vor, mit denen er Bilder heraufbeschwört, die ihn als lustig, fröhlich und unbedrohlich zeigen.

Der Babysitter könnte die Verkörperung eines unsichtbaren Freundes sein und auch die entsprechende Umgebung schaffen, entweder mit Haushaltsgegenständen als Requisiten oder nur in der Phantasie. Es kann hilfreich sein, die Kinder im vorhinein zu fragen, was der Babysitter sein soll, und sich mit diesem vorab zu beraten, wie er diese Figur werden kann.

Der Raufbold aus der Nachbarschaft

Häufig werde ich von besorgten Eltern älterer Kinder gefragt, was sie gegen Schläger tun können. Ein hinterhältiger Raufbold kann fast jedem das Leben schwer machen. Offensichtlich stößt die Vorstellung vom unsichtbaren Freund hier an die Grenzen ihrer Möglichkeiten. Er oder sie kann Ihrem Kind nicht wirklich zu Hilfe kommen und ein blaues Auge oder Kratzer am Selbstvertrauen verhindern. Beginnen Sie, indem Sie Ihrem Kind helfen, das Problem besser zu verstehen. Erklären Sie ihm, daß der Schläger eigentlich unsicher ist und sich nur so aufführt, damit er sich selbst ein bißchen besser fühlt. Es sei sogar in Ordnung, wenn einem so ein Raufbold leid tut: Er wolle andere unglücklich machen, weil er selbst unglücklich sei.

Konzentrieren Sie sich anschließend auf praktische Methoden, wie Ihr Kind die unangenehme Situation entschärfen und eine Auseinandersetzung vermeiden kann. Versuchen Sie, wenn möglich, die Freizeitaktivitäten Ihres Kindes so zu legen, daß der Kontakt vermieden oder zumindest minimiert wird, und versuchen Sie auch Freunde Ihres Kindes dafür zu gewinnen. Vielleicht lohnt auch der Versuch einer Aussprache mit dem »schwarzen Schaf«. »Bewaffnet« mit einem unsichtbaren Freund oder einem Glücksbringer als moralische Stütze, kann sich Ihr Kind ja vielleicht sogar mit ihm anfreunden; an Freunden mangelt es Schlägern nämlich sehr oft. Helfen Sie Ihrem Kind, sich auf diese Begegnung vorzubereiten, indem Sie es auffordern, sich vorzustellen, was es sagen wird. So ein direktes Vorgehen ist oft besser, als wenn Sie oder ein Lehrer sich einmischen.

Manchmal ist eine Rauferei unvermeidlich, und Ihr Kind kann vielleicht nicht einfach weggehen. Auch wenn Sie Ihr Kind wohl kaum zu Schlägereien anstiften würden, wollen Sie sicher auch nicht, daß es – wenn eine Auseinandersetzung sich nicht vermeiden läßt – einfach dasteht und sich verhauen läßt. In so einer Situation kann ein bißchen Imaginations-Training das Selbstvertrauen ungeheuer stärken.

Bereiten Sie Ihr Kind auf diesen Fall vor: »Wenn eine Rauferei anfängt, wirst du merken, wie stark du insgeheim eigentlich bist. Deine innere Kraft sorgt dafür, daß du viel stärker bist, als du dachtest, und daß die Schläge von dem anderen gar nicht so weh tun.« Diese Vorstellung basiert auf Tatsachen: In der Aufregung einer Schlägerei schüttet der Körper Adrenalin und natürliche Schmerzdämpfer, Endorphine, aus. Wenn Ihr Gespräch schon so eine technische Wendung genommen hat, können Sie diesen Vorgang bildlich verdeutlichen: »Wenn du wütend wirst, schießen diese Chemikalien geradezu in dein Blut.«

Es ist hilfreich, wenn Sie normale körperliche Reaktionen, die Angst auslösen können, wie zum Beispiel Herzklopfen, in etwas verwandeln können, von dem das Kind glaubt, es verleihe ihm Stärke und verbessere seine Fähigkeiten. Entspannungstechniken und ein gutes Selbstvertrauen sind ebenfalls sehr nützlich. Je sicherer ein Kind wirkt, desto unwahrscheinlicher ist es, daß ein Schläger es sich als Opfer aussucht (sie tendieren eher zu Kindern, die sie auch garantiert einschüchtern können). Es klingt vielleicht seltsam, und ich bin sicher kein Freund von Schlägereien, aber betroffene Kinder haben mir berichtet, daß ein Kampf manchmal weniger weh tut als ein verletztes Selbstwertgefühl oder die Angst davor.

Das waren einige der häufigsten Fälle sozialer Unsicherheit. Andere entwickeln sich in der Schule, wenn Kinder vor der Klasse oder einem anderen Publikum stehen (siehe dazu das Kapitel »Schulangst«), oder später, im Teenager-Alter, wenn sie anfangen, miteinander wegzugehen. Ängste können prinzipiell überall dort auftreten, wo Ihr Kind sich mit fremden Menschen in einer fremden Umgebung auseinandersetzen muß. Je älter ein Kind wird und je mehr verschiedenen Aktivitäten es nachgeht, desto stärker werden seine sozialen Fähigkeiten gefordert. Mit den Methoden des IT können Sie Ihrem Kind helfen, ein Fundament des Selbstvertrauens zu bauen, das ihm bei allen wichtigen sozialen Interaktionen seines jungen Lebens helfen wird.

Wenn Ihre Hilfe nicht genügt

Wie können Sie erkennen, wann Hilfe von Dritten nötig ist? Sehen Sie sich die drei Aktivitätsbereiche Ihres Kindes an, um festzustellen, ob ein echtes Problem vorliegt: Schule, Familie, Freunde. Wenn Sie bemerken, daß Ihr Kind Probleme oder Ängste in einem dieser drei Gebiete hat, sollte professionelle Hilfe in Erwägung gezogen werden. Wenn es Schwierigkeiten in zwei Bereichen hat, ist das eine Überforderung, und Hilfe von außen ist dringend angeraten. Treten Probleme in allen drei Lebensbereichen auf, ist professioneller Rat praktisch zwingend, weil das Kind keinen Bereich mehr hat, in den es sich flüchten kann.

Betrachten Sie die Situation aus der Erwachsenenperspektive: Nehmen Sie an, Sie und Ihr Partner würden streiten und Sie hätten eine schreckliche Woche zu Hause. Vielleicht würden Sie versuchen, sich in die Arbeit zu stürzen, um sich abzulenken. Oder sagen wir, Ihr Chef macht Ihnen das Leben im Büro zur Hölle; eine sehr verbreitete Reaktion darauf ist, sich auf der Suche nach Unterstützung und Zuneigung dem Partner zuzuwenden. Als Überlebenstechnik nutzen Sie einen Bereich als Fluchtburg vor einem anderen. Die Probleme werden gravierend, wenn Sie das Gefühl haben, sich nirgendwohin retten zu können. Wenn Sie häusliche Streitereien nicht kompensieren können, weil es auch im Beruf nicht läuft, heißt das, daß Ihre Technik des Ausgleichs nicht mehr funktioniert. Wenn Ihr Problembewältigungsmechanismus zusammenbricht und Sie Ihre Probleme nicht mehr isolieren können, brauchen Sie Hilfe von außen. Die gleichen Regeln gelten für Kinder.

Viele soziale Ängste von Kindern lassen sich mit den Techniken des IT bewältigen. Die häufigsten sozialen Unsicherheiten werden in diesem Kapitel angesprochen. Aber tieferliegende Probleme erfordern eine professionelle Einschätzung. Der Erste, an den Sie sich außerhalb der Familie wenden können, ist Ihr Kinderarzt. Manche Ärzte kennen sich da sehr gut aus und sind offen für das Besprechen solcher Schwierigkeiten. Bei der regelmäßigen Routineuntersuchung sollten Sie Ihren Kinderarzt immer auch nach verbreiteten Verhaltensproblemen wie Einschlafschwierigkeiten, Ärger rund ums Essen usw. fragen. Auf der Basis der Antworten, die Sie hierauf bekommen, sollten Sie sich eine Meinung darüber bilden können, ob der Arzt für diese Art von Problemen aufgeschlossen ist. Wenn Sie mit schematischen Lehrmeinungen abgespeist werden, ist Ihr Kinderarzt vermutlich nicht der richtige für Ihre Belange.

Weitere mögliche Berater können Freunde oder Vewandte mit Kindern sein, Ihr Pfarrer, Erzieherinnen oder Lehrer. Wenn auch sie Ihnen nicht weiterhelfen können, lassen Sie sich von Ihrem Kinderarzt einen guten Kinderpsychologen empfehlen.

Schulangst

Gern zur Schule gehen und Erfolg haben

Erinnern Sie sich noch daran, wie Sie zum ersten Mal während des Unterrichts von der Aufforderung Ihres Lehrers, an die Tafel zu kommen, aus Ihren Tagträumen gerissen wurden: »Würdest du bitte herauskommen und diesen Satz für die Klasse analysieren?« Ihr Herz rast, das Adrenalin strömt, Ihr Mund wird trocken, und all Ihr Wissen löst sich auf dem Weg an die Tafel, der Ihnen erscheint wie der letzte Gang auf das Schaffott, in Luft auf. Es gibt ein paar Kinder, die schwungvoll nach vorne stürmen, die voller Selbstvertrauen dahinstolzieren, bereit, die Aufmerksamkeit aller zu fesseln. Aber es ist nur ein kleiner Prozentsatz, der es mag und danach strebt, im Zentrum der Aufmerksamkeit zu stehen, die zwei oder drei Kinder in der Klasse, die immer aufzeigen, die aufgerufen und beachtet werden wollen.

Leider entdecken die meisten Eltern, daß ihre Kinder eher dazu neigen, vor dem Rampenlicht zurückzuschrecken und die Anonymität zu suchen. Haben Sie sich schon mal Teenager genauer angesehen, die zusammen ausgehen? Sie sind alle gleich angezogen, entsprechend dem gerade geltenden Stil. Suchen Sie sich ein paar davon heraus, sie werden alle so aussehen wie Ihr Kind. Sie tragen alle die gleiche »Uniform«, die sie davor schützt, aus der Gruppe hervorzustechen. Jede Situation, bei der einer nach vorne ins Rampenlicht geschoben werden könnte, wäre eine furchterregende und traumatische Erfahrung.

Schulängste tauchen lange vor Beginn der Teenager-Zeit auf, und Erzieher wie Kinderpsychologen sind sich einig, daß sie eine absolut wichtige Angelegenheit sind, mit der man sich so früh wie möglich auseinandersetzen muß. Die Schule ist gewissermaßen der »Arbeitsplatz« Ihres Kindes. Es verbringt bis zu einem Drittel eines jeden Tages im Unterricht. Schulische Leistungen und die Fähigkeit, im Unterricht und bei Prüfungen gut zu bestehen, hat einen großen Einfluß auf die Entwicklung des Selbstvertrauens als Kind, aber auch noch als Erwachsener. Wenn ein Kind sich unzulänglich fühlt und glaubt, den Erwartungen nicht entsprechen zu können, entwickelt es ein entsprechend negatives Selbstbild. Hier gerät es leicht in einen Teufelskreis: Kinder mit schwachem Selbstbewußtsein tun sich oft in der Schule schwer und leiden besonders darunter, wenn Schulkameraden sich über ihre Fehler lustig machen; dadurch steigt die Angst zu versagen und wird noch beherrschender. Viele Schulängste treten auf, wenn Kinder in peinliche Situationen geraten, bei denen sie isoliert vor ihren Klassenkameraden stehen. (Diese Angst rangiert an gleicher Stelle wie die vor körperlicher Verletzung.) Aber die Krise kann schon beginnen, bevor Ihr Kind auch nur einen Schritt ins Klassenzimmer getan hat. Allein es aus Ihrem Haus zu bringen kann schon schwer sein. Erfahren Sie im folgenden, wie Sie Ihrem Kind beim richtigen Start helfen können.

Keine Angst in Kindergarten und Krippe

Heutzutage ist es oft unvermeidlich, Kinder schon mit einem oder zwei Jahren in einer Krippe unterzubringen. Denken Sie daran, daß Kinder in diesem Alter Vorhersehbarkeit schätzen, einen bestimmten Ablauf, der sich Tag für Tag wiederholt, so daß sie wissen, was sie erwartet. Auch wenn man meinen könnte, daß ein Kind, das nicht in die Krippe oder den Kindergarten möchte, einfach zu jung oder überfordert ist, hat sein Unbehagen seine Ursache wahrscheinlich eher darin, daß es an Vorhersehbarkeit, an einem täglichen Muster fehlt. Wenn Ihr Kind zwei- bis dreimal die Woche in die Krippe oder den Kindergarten geht, weiß es nie, was es am nächsten Tag erwartet. Oft macht ein Kind, das sich gegen so eine Einteilung gesperrt hat, keine Schwierigkeiten mehr, wenn es täglich dorthin geht (Ihr einziges Problem dürfte dann sein, zu erklären, warum es am Wochenende zu Hause bleiben soll). Lassen Sie sich nicht auf Verhandlungen ein, indem Sie es fragen, ob es vielleicht öfter gehen möchte. Das ist Ihre Entscheidung – also, entscheiden Sie.

Eltern von Kindergartenkindern machen oft den Fehler, zu viel zu reden und jede Situation »überzuerklären«. »Es ist ganz toll dort, sie haben viele Spielsachen, die Erzieherinnen sind nett, du wirst neue Kinder kennenlernen ...« usw. Ihr Kind wird schnell Ihre eigene Furcht spüren und entsprechend reagieren. Auch wenn ein Dreijähriger den Gedanken »Wenn Mama so unsicher ist, warum soll ich mich dann sicher fühlen?« noch nicht formulieren kann, so kann er ihn doch schon durch sein Verhalten ausdrücken.

Die beste Haltung, in der Sie Ihr Kind dort abliefern, ist eine liebevolle, aber sachliche. Sagen Sie: »Ich weiß, daß du aufgeregt bist, aber es wird alles gut gehen.« Das gibt ihm viel mehr Sicherheit als lange Diskussionen. Trotz Ihrer eigenen sehr realen Angst davor, Ihr Kleines zum ersten Mal allein zu lassen, ist allein die Tatsache, daß sie es dorthin bringen und dafür sorgen, daß es sich daran gewöhnt, ein wichtiger Schritt für seine Sozialisation. Es wird ein sehr positives Erlebnis sein, auf das es in den folgenden Jahren weiter aufbauen kann.

Kinder brauchen Hilfe dabei, sich einzugewöhnen, und es gibt Wege, ihnen diesen Übergang zu erleichtern. Dreijährige sind noch zu jung für das Imaginations-Training, um ihre Ängste zu dämpfen, aber sie können Entspannungsmethoden wie Zählen, einen Lieblingsvers aufsagen oder ein Lieblingslied summen auf dem Weg zum Kindergarten anwenden. (Manchmal zeigen diese einfachen Techniken auch bei älteren Kindern noch eine verblüffend gute Wirkung.)

Um anfängliche Trauer- oder Wutbekundungen, nachdem Sie gerade gegangen sind, zu beenden, funktioniert Ablenkung am besten. Die Betreuerinnen werden sich darum kümmern und sind auch erfahren darin, wie man die Aufmerksamkeit eines kleinen Kindes von der Mutter, die gerade versucht, sich unbemerkt fortzustehlen, weglenkt. Eine faßbare Erinnerung an Zuhause in Form eines Lieblingsspielzeugs oder einer Kuscheldecke machen die neue Umgebung heimeliger – ähnlich dem unsichtbaren Freund, der einem etwas größeren Kind Sicherheit geben kann.

Wenn Ihr Kind noch kein solches Lieblingsstück hat, suchen Sie gemeinsam eines aus oder lassen Sie es jeden Tag etwas anderes mitnehmen. Oft wird es zusammen mit der Jacke in den Spind des Kindes gelegt und bleibt dort, bis es Zeit ist, nach Hause zu gehen. Aber allein schon das Mitnehmen schlägt eine Brücke zwischen Bekanntem und Unbekanntem. Manchmal dürfen Eltern auch Familienfotos am Fach oder Spind des Kindes anbringen. Wenn dann im Laufe des Tages Trennungsängste auftauchen, versichert ein schneller Blick auf das Foto dem Kind, daß es nicht verlassen ist. Das scheint fast so gut zu funktionieren, als wären die Eltern tatsächlich anwesend.

Ein abschließendes Wort zur Verabschiedung: Während Sie noch da sind, konzentriert sich Ihr Kind auf Sie. Ihr Weggehen erlaubt ihm, sich etwas anderem zuzuwenden, sich in eine Vielzahl verschiedener Aktivitäten zu stürzen. Eltern, die zögern und trödeln, tun ihrem Kind damit nichts Gutes. Genauso wie ein besorgter Gesichtsausdruck beim Weggehen sagt, daß Sie sich nicht sicher sind, daß Ihr Kind hier gut aufgehoben ist.

Das Drumherum in der Schule

Bevor Sie sich versehen, ist die Kindergartenzeit schon vorbei, und mit der Schule beginnen für viele Kinder auch die Fahrten mit dem Schulbus. Manche Kinder betrachten die Fahrt oder den Weg in die Schule als Abenteuer. Denken Sie daran, daß die Angst vor der Schule in Wirklichkeit auch nur eine Angst vor dem Schulweg sein kann. Auch hier funktioniert das direkte Ansprechen aus einer warmen, positiven, aber nicht verhandelbaren Position heraus am besten.

Ein Sechsjähriger kann sich schon des Imaginations-Trainings bedienen, um Schulwegstreß zu bewältigen. Er könnte zum Beispiel den Schulbus in Gedanken in sein Lieblingsfahrzeug (ein Flugzeug, wie es die Familie vielleicht im letzten Urlaub benutzt hat) oder ein Märchengefährt (Aschenputtels Kutsche o.ä.) verwandeln. Ein bekanntes Fahrzeug hilft gegen das Gefühl der Fremdheit, etwas Märchenhaftes sorgt sogar für Spannung. Der Fahrer wird dann zum Piloten oder Kutscher, der das Kind an einen schönen Ort bringt und danach genauso sicher wieder nach Hause. Stecken Sie für diese »Reise« etwas Persönliches von daheim in den Schulranzen Ihres Kindes.

Manche Kinder fürchten sich vielleicht auch vor dem Busfahrer. Sie nehmen seine brummige Miene leicht persönlich. Der Fahrer würde sich wahrscheinlich mit dem Argument verteidigen, daß es nicht leicht ist, Dutzende kreischender Kinder unter Kontrolle zu halten und gleichzeitig sicher zu fahren. Wenn Ihr Kind Ihnen erzählt, der Busfahrer sei so unfreundlich, nehmen Sie seine Äußerung ernst. Versuchen Sie dann dahinterzukommen, was es am meisten stört: »Was ist dir denn besonders unheimlich?« Wenn Ihr Kind antwortet »Er lächelt nie« oder »Er schreit immer mit uns«, entgegnen Sie ihm: »Was glaubst du, was passieren würde, wenn du ihn mal anlächeln würdest, wenn du in den Bus einsteigst? Oder grüß ihn doch mal, wenn du einsteigst.« Helfen Sie Ihrem Kind, die Vorzüge davon kennenzulernen, wenn man derjenige ist, der das Eis bricht.

Kinder, die keinen Kindergarten besucht haben, tun sich angesichts der vielen fremden Gesichter und neuen Herausforderungen bei Schulanfang oft besonders schwer. Zum Glück bietet das IT eine Menge guter Hilfen dazu an. Ihr Kind besitzt inzwischen wahrscheinlich schon eine Reihe von Glücksbringern, die dafür sorgen, daß es sich sicher fühlt, und die es überallhin mitnimmt. Ein unsichtbarer Freund kann in dieser Situation auch sehr hilfreich sein, besonders wenn man von seinen Klassenkameraden hört, daß eine Puppe oder einen Teddy mit sich herumzutragen nur was für Babys ist.

Auch wenn kleine Glücksbringer sehr wirkungsvoll sind, kann ihr Verlust eine Panikreaktion auslösen. Und wenn sie nicht auf der Stelle ersetzbar sind, sind Sie rettungslos verloren! Ich habe herausgefunden, daß es daher ein großer Vorteil ist, dem Kind die Vorstellung zu vermitteln, daß seine Schuhe es mit besonderen Fähigkeiten ausstatten. Jeder kennt die Geschichte von den Sieben-Meilen-Stiefeln! Am besten ist es, dafür zu Schulbeginn ein neues Paar Schuhe zu kaufen. Im Gegensatz zu Schmuckstücken, die ein Kind leicht verliert, wird kaum eines ohne seine Schuhe nach Hause kommen. Spezielle Socken, Gürtel und Unterwäsche (zum Beispiel T-Shirts mit dem Bild des Superhelden) gehen auch so gut wie nie verloren und sind ungefähr genauso effektiv.

Die Angst des Schülers vor der Klasse

Im Kindergarten ging es vor allem um Spiel und Sozialisation, während das Lernen noch keine oder nur eine untergeordnete Rolle spielte. In der Grundschule und später auf der Haupt- oder Realschule oder im Gymnasium erwartet Ihr Kind eine ganze Skala neuer Erfahrungen, die es auf die Probe stellen und die die Selbstsicherheit seiner Kindheit zunichte machen können. Die meisten dieser schulbedingten Selbstzweifel haben mit dem Lösen von Aufgaben an der Tafel und schriftlichen Tests zu tun. Wenn Sie frühzeitig damit beginnen, IT-Techniken, die das Selbstvertrauen stärken, anzuwenden, geben Sie Ihrem Kind eine solide Grundlage an Schulsicherheit, auf die es im Verlauf seiner gesamten Schullaufbahn zurückgreifen kann.

Warum geraten manche Kinder in Panik, wenn sie an die Tafel gerufen werden? Tatsache ist, daß die meisten Menschen – Erwachsene eingeschlossen – es nicht mögen, im Mittelpunkt zu stehen. Wenn Ihr Kind allein vor der Klasse steht, haben alle seine Klassenkameraden die Möglichkeit, sein Aussehen, seine Kleidung, seine Frisur und jedes andere Detail genau unter die Lupe zu nehmen. Noch schlimmer ist, daß es sich schrecklich verletzlich, der Kritik oder der Lächerlichkeit vor einem Publikum gnadenloser Richter ausgeliefert fühlt. Mach einen Fehler an der Tafel, und in kürzester Zeit weiß die ganze Schule (die eigentliche Welt eines Kindes) über deine Dummheit Bescheid.

Schon die Befürchtung, aufgerufen zu werden, kann nervenzehrend sein. Als ich in der Grundschule lesen lernte, ging der Lehrer die Reihen auf und ab und ließ jeden Schüler ein paar Zeilen lesen. Wir konnten also sehen, wie unser Auftritt ähnlich einer Flutwelle auf uns zu kam, und hatten Angst davor, an der falschen Stelle einzusetzen. Die Panik, über irgendein Wort zu stolpern, ließ manche meiner Schulkameraden erbleichen, je näher die Reihe an sie kam.

Natürlich sind die Hausaufgaben wichtig, aber die Persönlichkeit Ihres Kindes ist das Entscheidende. Es gibt viele Kinder, die ihre Hausaufgaben machen, gut vorbereitet sind und trotzdem in Panik geraten, wenn sie aufgerufen werden. Das sind die Schüler, die mit Hilfe des IT Strategien an die Hand bekommen sollten, um Selbstvertrauen zu entwickeln und eine entspanntere Haltung einzunehmen. Das wichtigste Ziel der Methoden in diesem Abschnitt ist, Ihrem Kind beizubringen, daß es sich, wenn es an der Tafel steht, auf seine Aufgabe konzentriert, anstatt sich von dem Gedanken, daß es hier eine Vorstellung für die Klasse gibt, ablenken zu lassen.

Eine einfache Übung, die sich leicht zu Hause praktizieren läßt, ist die »Regel« für das richtige Schreiben an der Tafel. Sie zwingt Ihr Kind, sich eher auf den mechanischen Akt des Schreibens zu konzentrieren als darauf, ob es die Aufgabe lösen kann oder nicht. Geben Sie sehr präzise Anweisungen: »Nimm die Kreide zwischen diese zwei Finger und drück sehr fest auf.« Diese Methode schafft ein Ritual, das die Konzentration fördert und gleichzeitig dem Kind ein Gefühl von Sicherheit gibt. Verfeinern Sie sie mit weiteren Ratschlägen: »Wenn du mit der Kreide fest aufdrückst, können deine Schulkameraden besser sehen, was du schreibst, und sie werden denken, daß du ganz schön schlau bist.« Obwohl die beiden Dinge in keinerlei Zusammenhang zu stehen scheinen – wenn Sie als Eltern eine Feststellung treffen und zu einem scheinbar logischen Schluß kommen, ist es sehr wahrscheinlich, daß Ihr Kind Ihnen das glaubt. Und wenn ein Kind glaubt, daß seine Leistung eine bessere sein wird, wenn es mit der Kreide fester aufdrückt, wird das normalerweise auch so sein.

Ein ähnliches Mittel zur Steigerung des Selbstvertrauens, das sich Ihrem Kind ebenso leicht beibringen läßt wie das feste Aufdrücken der Kreide, ist der Vorschlag, Ihr Kind solle deutlich sprechen, wenn es aufgerufen wird. Legen Sie ihm folgendes dar: »Wenn du laut redest, wirkst du klug. Und wenn du klug wirkst, wird die Klasse das auch von dir glauben.« Formulieren Sie diese Handlungsleitlinien als knappe Merksätze, die Ihr Kind sich einprägen und auf die es sich konzentrieren kann: »Wenn du im Unterricht aufgerufen wirst, halte dich gerade, schau dem Lehrer in die Augen und sprich mit klarer Stimme. Dann werden die anderen, selbst wenn du mal einen Fehler machst, glauben, daß du klug bist, einfach weil du so wirkst.« Das mag jetzt vielleicht lang und kompliziert klingen, aber es dauert tatsächlich nur ein paar Sekunden, diese Regeln zu beherzigen.

Der Vorteil all dieser Tricks ist, daß sie sofortigen Erfolg zeitigen; besonders gut geeignet bei Angst vor dem Aufgerufenwerden ist der Fingerkreis (siehe S. 42). Ihr Kind kann ihn ganz leicht mit einer Hand in der Hosentasche machen, so daß ihn niemand bemerkt, selbst wenn es mit der anderen Hand etwas schreiben muß.

Prüfungen mit links absolvieren

Manche Eltern stellen vielleicht fest, daß ihr Nachwuchs keine Probleme damit hat, im Rampenlicht zu stehen, sich jedoch bei einem schriftlichen Test nicht konzentrieren kann. Für das Problem Prüfungsangst empfiehlt sich ein etwas anderer Ansatz. Die Idee dabei ist, Ihr Kind dazu zu bringen, sich auf die gestellten Fragen zu konzentrieren, während es sich gegen alles andere um sich herum abschottet. Ironischerweise stehen manche Dinge, die Kindern helfen, sich zu konzentrieren, im Widerspruch zu ihrer Persönlichkeit. Zum Beispiel stellt vielleicht ein etwas schusseliges, schlampiges Kind fest, daß es sich beim Lernen oder Prüfungschreiben in sehr ordentlicher Kleidung besser konzentrieren kann. Einfach aufgrund des Bewußtseins, daß sein Äußeres in Ordnung ist, kann es auch besser bei der Sache bleiben. Ein Kind, das dagegen immer sehr ordentlich und sauber ist und seine Sachen gut im Griff hat, tut sich vielleicht leichter, wenn seine Kleidung und Erscheinung und damit auch sein Geist eher locker und entspannt sind.

Die besten IT-Techniken, die bei Prüfungsschwierigkeiten Entspannung und Konzentration fördern, sind jene, die für eine starke Konzentration auf die Aufgabe selbst sorgen. Wenn Ihrem Kind das gelingt, vergißt es vielleicht alle Ängste und Befürchtungen, die es bis in sein Klassenzimmer hinein begleitet haben. Manche Kinder sprechen auf die Visualisierung eines hellen Lichtstrahls an, der das Blatt mit den Prüfungsaufgaben trifft und es gegen alles andere abhebt. Sagen Sie ihm: »Stell dir vor, daß dieses helle Licht über deine Schulter kommt. Du kannst es heller stellen, indem du an einem Schalter in deinem Kopf drehst. Und je heller du es stellst, desto besser kannst du dich konzentrieren.«

Für einen schriftlichen Test läßt sich auch der Kreidetrick abwandeln. Geben Sie Ihrem Kind ein Spezialetui mit Stiften, die es nur für Prüfungen benutzt und – falls es Bleistifte sind – erst kurz, bevor es losgeht, spitzt. Vermitteln Sie ihm die Vorstellung, daß »ein scharfer Stift für einen scharfen Verstand« steht. Um seine Fähigkeit zu besonderer Konzentration zu steigern, können Sie Ihrem Kind auch vorschlagen, einen Glücksstift zu verwenden, mit dem es nacheinander alle Fragen unterstreichen kann, die es gelöst hat, oder das Wichtigste markieren kann, bevor es mit der Aufgabe beginnt. Diese Methode wirkt beruhigend und stärkt das Selbstvertrauen. Zugleich ist sie sehr hilfreich bei Kindern, die so aufgeregt sind, daß sie sich nicht genügend Zeit zum genauen Durchlesen und Verstehen der Fragen nehmen.

Glücksbringer – vom Zauberpfennig über ein besonderes Schmuckstück bis hin zur Kleidung oder einem Haarband –, die nur bei Prüfungen verwendet werden, geben Ihrem Kind auch Extra-Kraft. Ihrer Phantasie sind hier keine Grenzen gesetzt, wobei die besten Ideen herauskommen, wenn Sie gemeinsam mit Ihrem Kind überlegen, was seine Aufmerksamkeit am besten fördern könnte.

Eine andere Vitaminspritze für das Selbstvertrauen ist ein Briefchen, das Ihr Kind kurz vor Beginn des Tests an sich selbst schreibt und in dem zum Beispiel steht: »Ich werde in dieser Prüfung sehr gut sein.« Das mag seltsam klingen, aber es kombiniert die Kraft des positiven Denkens mit den Elementen eines Glücksbringers.

Ein Geräusch in der Nacht und andere Ängste

Hilfe gegen Gespenster bei Tag und Nacht

Mal ist es der schwarze Mann, mal ein dunkler Schrank im Flur, mal etwas, das aus den Büschen in der hintersten Ecke des Gartens hervorlugt – die Ängste, die Kinder vor dem Unbekannten haben, sind normalerweise altersabhängig. Wenn Ihr Kind aus einer Reihe von Ängsten herauswächst, die plötzlich ganz dumm erscheinen, wartet schon ein neues Sortiment, um deren Platz einzunehmen.

Zu irgendeinem Zeitpunkt zwischen dem achten Monat und zwei Jahren beginnen Kinder zu realisieren, daß es da draußen in der Welt Dinge gibt, die ihnen weh tun können. Sie beginnen, sich vor etwas Abstraktem zu fürchten, weil es ihnen an der Erfahrung fehlt, welche Dinge wirklich gefährlich sind. Phantasiegeschöpfe wie der schwarze Mann stehen für alles Abstrakte, das wir als beängstigend empfinden. Das ist der Grund dafür, warum Kinder ungefähr ab drei Jahren plötzlich einen Argwohn gegenüber dunklen Schränken, Schatten und anderen ähnlichen Gebilden entwickeln.

Mit etwa fünf kommen sie darauf, daß Schatten nur Schatten sind und daß im Flurschrank nur Papas alte Klamotten hängen. Jetzt entwickeln sie Angst vor Dingen, die ihren Privatraum, ihre Sphäre verletzen könnten – sie haben Schreckensvisionen von Feuer, Räubern im Haus und anderem Unheil, das in ihren sicheren Hafen einbricht. Um den siebten Geburtstag herum konzentrieren sich ihre Ängste auf Kräfte von außen, die ihnen ein Leid zufügen könnten: Mörder, Entführer und anderes, was Schmerz oder gar Tod bringen könnte. Schlagzeilen von Kindesmißbrauch in den Medien lassen auch diese Gefahr real erscheinen und machen ein Kind noch ängstlicher.

Viele dieser Ängste sind gerechtfertigt, und manche von ihnen haben eine Schutzfunktion. Es ist wirklich nichts dagegen zu sagen, wenn Kinder Angst vor einem Feuer in der Wohnung haben oder davor, von einem Fremden mitgenommen zu werden, solange diese Vorstellungen nicht überhandnehmen. In der Tat sind ja viele unserer Ängste Teil eines Überlebensinstinkts, eines tief verwurzelten Schutzes gegen das Unbekannte.

Der schwarze Mann und andere unheimliche Traumgestalten

Kinder beziehen Angst oft in ihr Spiel mit ein, so wie Erwachsene, die mit einer Achterbahn fahren. Menschen mögen es, an den Rand der Gefahr gebracht zu werden. Das gibt ihnen das Gefühl, mutig zu sein, während es ihnen gleichzeitig gestattet, sich sicher zu fühlen. Ganz ähnlich funktioniert der Kick, den Kinder empfinden, wenn sie sich auf sicherem Posten, nämlich dem Schoß von Mutter oder Vater, eine unheimliche Geschichte erzählen lassen. Unglücklicherweise kann die gleiche Geschichte, wenn sie vor dem Zubettgehen erzählt wird und die Eltern das Zimmer verlassen, einen Alptraum erzeugen, weil jetzt das Gefühl von Sicherheit weg ist und es keine Hilfe von außen gibt, um mit der Furcht fertig zu werden.

Ein perfektes Beispiel für diese völlig entgegengesetzte Wirkungsweise ist die Geschichte der vierjährigen Alexandra, die mit ihren Eltern aus der Stadt aufs Land in ein Haus am Waldrand umgezogen war. Eines Nachts hörte ihr Vater etwas, das sich wie ein großes Tier anhörte und krachend Äste zertrat, während es durch den Wald stampfte – wahrscheinlich ein Hirsch. Am nächsten Tag hörte Alexandra, wie ihr Vater ihrer Mutter davon erzählte, und war zugleich aufgeregt und ein bißchen ängstlich bei der Vorstellung, was für ein Tier das wohl gewesen sein mochte. Sie stellte viele Fragen zu dem Vorfall und wurde beruhigt, daß das sicher nichts war, was der Familie einen Schaden zufügen oder ins Haus gelangen konnte.

Zwei Nächte später jedoch wachte Alexandra aus einem Alptraum auf, der mit dieser Geschichte zusammenhing. Trotzdem bestand sie am nächsten Tag darauf, daß ihr Vater die Geschichte noch einmal erzählte, und wollte sie auch kurz vor dem Schlafengehen noch einmal hören, ein Ritual, das sie für Wochen beibehielt – die Alpträume eingeschlossen! Die Geschichte, die Fragen und die Versicherungen waren jeden Tag dieselben; jede Nacht verwandelten ihre Träume das Ganze in etwas Bedrohliches. Aber sie wollte immer noch, daß die Geschichte ihr und ebenso jedem Freund oder Verwandten, der in das neue Haus zu Besuch kam, erzählt wurde. Schließlich übernahm sie selbst die Rolle des Erzählers, obwohl ja nur ihr Vater die Geräusche gehört hatte. Und trotz der Tatsache, daß sie die Geschichte toll und spannend fand, solange ihr Vater anwesend war, hielten die Alpträume noch einige Wochen unvermindert an, bis sich das Ganze irgendwann totgelaufen hatte.

Alexandras Ängste vor dem unbekannten Tier im Wald wurden bald durch allgemeine Fragen ersetzt wie »Können Tiere in unser Haus kommen?« und sogar durch genauere Erkundigungen: »Und was, wenn ein Bär in unser Haus kommt?« In der Hoffnung, weitere Alpträume zu verhindern, begann Alexandras Vater eine von unseren Kernstrategien, das wechselseitige Bild, anzuwenden, um ihr zu helfen, ihre Ängste abzuwehren. Er sagte: »Du weißt natürlich schon, daß es hier bei uns keine Bären gibt. Aber selbst wenn da welche wären, wer wäre in deinen Augen der mutigste und stärkste Mann, der jeden Bär verjagen könnte, der daherkommt?« Die Antwort war natürlich: »Du, Papa!« Und Papa malte diesen Teil der Geschichte weiter aus, indem er seine natürlichen Fähigkeiten als Bärenschreck unterstrich, um die ganze Angelegenheit zum Guten zu wenden. Diese Strategie läßt sich auch auf im Keller hausende oder unterm Bett lauernde Monster anwenden.

Ich möchte betonen, daß sich Kinder, besonders wenn sie sehr verängstigt sind, von einem bestimmenden Ton eher beruhigen lassen als von langen Erläuterungen. Wenn Ihr Zweijähriger schreiend aufwacht, weil ein Gespenst in seinem Schrank sitzt, sagen Sie nur entschieden: »Da ist kein Gespenst in deinem Schrank. Du hast absolut keinen Grund, dich zu fürchten. Außerdem würden wir sowieso keine Gespenster in unser Haus lassen!« Das gibt dem Kind mehr Sicherheit als eine lange Debatte, die versucht, das Gespenst wegzudiskutieren: »Ich zeig dir mal ein Buch mit Gespenstern, aber wenn es Gespenster wirklich gäbe, würden sie ja so aussehen wie in dem Buch, und dann würde man da echte Fotos hineintun und keine Zeichnungen ...« usw. Das wird nur zu einer unendlichen Geschichte, und ihre beruhigende Botschaft geht in dem ganzen Herumerklären verloren.

Eine Alternative dazu, daß Sie den Heldenpart übernehmen, ist, daß Sie Ihr Kind dazu bringen, sich seinen eigenen

»Traumhelden« zu schaffen. Dieser Held kann sogar in Gestalt Ihres Kindes selbst auftreten. Lassen Sie es in seinem Lieblingsheldenpyjama (oder in seiner Heldenbettwäsche) schlafen gehen; dann nimmt es diese »Ausrüstung« vielleicht in einen Traum mit, in dem es sich stark genug fühlt, alle Bösewichter zu schlagen.

Es gibt einen guten Grund dafür, warum kleine Kinder (und viele Erwachsene!) immer mit einem bestimmten Stofftier oder etwas anderem Vertrauten im Arm einschlafen: Dieses Objekt gibt ihnen Stärke und das Gefühl, nicht allein zu sein. Das ist ein ausgezeichnetes Mittel zur Entspannung, besonders wenn Sie noch den Hinweis anbringen können, daß Teddy seinen Teil dazu beitragen wird, alle Bösewichter in die Flucht zu schlagen, die sich in den Träumen Ihres Kindes herumtreiben. Wenn Ihr Kind sich zu groß dafür fühlt, mit einem Stofftier zu schlafen, ersetzen Sie es durch etwas wie den Zauberpfennig, den man unter dem Kopfkissen aufbewahren kann und von dem man weiß, daß er einen in gefährlichen Träumen beschützen und alles Unheil fernhalten wird. Kinder sind sehr kreativ, und es ist sinnvoll, sie zu fragen, was ihnen Sicherheit geben könnte. Lassen Sie sie selbst den Weg suchen, dem sie folgen wollen, dann können Sie sie darauf begleiten.

Spinnen und andere Krabbeltiere

Ich werde oft gebeten, die Angst vor Spinnen und anderen Insekten zu erklären. Manche Verhaltensforscher glauben, daß es sich dabei um eine erlernte Furcht handelt. Ich bin jedoch, wie viele andere auch, der Meinung, daß es sich dabei in Wirklichkeit um eine tief verwurzelte biologische Angst handelt, die auf der Annahme beruht, daß die meisten Menschen, insbesondere Kinder, nicht in der Lage sind zu unterscheiden, welche Insekten gefährlich sein könnten und welche nicht. Wenn man diese Unterscheidung nicht treffen kann, ist es vielleicht besser, sich – quasi vorbeugend – vor ihnen allen zu fürchten. Wenn Sie Kinder beobachten, werden Sie feststellen, daß ihre Furcht nicht einfach mit der Größe des Insekts zusammenhängt und daß sie oft im umgekehrten Verhältnis zu dem Schaden steht, den das Tier ihnen zufügen könnte.

Um mit dieser Art von Angst und der vor anderen Krabbeltieren oder Pflanzen, Fischen und Reptilien (Schlangen und Eidechsen) fertig zu werden, lassen Sie eine gewisse Dosis Realitätssinn walten. Betonen Sie, daß »manche Insekten zum Fürchten sind, aber manche einfach nett. Das hier ist in Ordnung, dies hier nicht.« Dadurch machen Sie aus einer allgemeinen Furcht eine spezifischere.

Wenn Sie in einer Umgebung leben, in der sich das Auftauchen harmloser Insekten einfach nicht vermeiden läßt, werden eine gelenkte Vorstellung oder Ablenkungstechniken helfen. Versuchen Sie es mit dem Auftragen einer Lotion (am besten ein Insektenschutzmittel für Kinder), während Sie Ihrem Kind das Bild von einem Schutzschild vermitteln: »Ich reibe dich mit einem besonderen Schutzmittel ein, mit dem du sicher bist.« Wenn Sie nichts Derartiges zur Hand haben, versuchen Sie es mit einer Begründung, die logisch klingt: »Wenn du etwas Gelbes anhast, fliegen die Mücken auf dich (manche Insekten werden tatsächlich von bestimmten Farben angelockt), aber bei etwas Grünem (oder welche Farbe auch immer Ihr Kind gerade trägt) bleiben sie weg, weil sie diese Farbe hassen.« Ein Zauberpfennig, -stein oder

-zweig, den Sie gerade gefunden haben, kann weiteren Schutz bieten.

Ich kenne ein kleines Mädchen, das seine Angst vor Bienen verlor, weil ihr Vater sie davon überzeugte, daß der Geruch ihres Kaugummis ein Abwehrmittel wäre. (Natürlich müssen Kinder mit Allergien die erforderlichen Vorsichtsmaßnahmen kennen und beachten.) Eine Mutter konnte ihre Tochter davon überzeugen, daß ein alter Indianertrick gegen fliegende Insekten sei, ein Gänseblümchen in der Tasche zu haben. Eltern, die sich Sorgen machen, daß solche kleinen Flunkereien die Beziehung zu ihren Kindern belasten könnten, sollten sie einfach mit dem Weihnachtsmann, dem Osterhasen oder der Zahnfee vergleichen. Sie werden später noch Zeit genug haben, Unstimmigkeiten zwischen Kindheitsphantasien und der Realität zu klären.

Natürlich ist eine tolle Alternative, das Kind selbst zu fragen, was es für eine gute Abschreckungsmaßnahme halten würde, und es dann in dieser Annahme zu unterstützen: »Das ist eine gute Idee. Ich wette, es funktioniert. Laß es uns doch gleich mal ausprobieren.« Und manche Eltern fühlen sich wohler, wenn sie ihre Ideen als Zauberfarben oder magischen Schutz bezeichnen, um sie von der echten Realität abzugrenzen.

Die Angst eines Kindes vor allem, was krabbelt, kann man auch durch das Konzept der »Anbindung« beeinflussen. Dahinter steht der Gedanke, ein Tier auszuwählen, auf das sich die Angst, unter Ausschluß aller anderen Tiere, konzentrieren kann. Indem Sie die Angst Ihres Kindes vor allen Insekten an eine bestimmte Tierart binden und ihm dann empfehlen, diese spezielle Art zu meiden, geben Sie ihm die Möglichkeit, sich angesichts all der anderen nicht zu fürchten. Erklären Sie es so: »Wenn du dich von diesem Tier fernhältst, das dir wirklich weh tun kann, wird dir nichts passieren. Alle anderen Insekten in unserem Garten sind lieb und tun dir nichts.« Um diese Unterscheidung klarzumachen – und zu verhindern, daß Ihre Botschaft verloren geht –, versuchen Sie Ihrem Kind den Sachverhalt so kurz und klar wie möglich zu vermitteln.

Gewitter und anderer großer Krach

In furchteinflößenden Situationen, wie zum Beispiel bei einem starken Gewitter, können Sie versuchen, Ihr Kind durch Geschichtenerzählen oder mit Hilfe einer Vorstellung zu beruhigen. »Erinnerst du dich, wie wir letzten Winter zum Schlittenfahren gegangen sind? Der Schlitten war braun, mit einer langen Schnur und ganz stabil. Wir waren warm eingepackt – du hattest deinen blauen Anorak an und die gelbe Mütze auf. Zuerst hab ich dich einen Weg entlang und auf einen großen Hügel hinaufgezogen. Dann hast du gesagt, daß du Angst hättest, aber du warst an dem Tag ganz schön mutig. Dann sind wir erst einmal zusammen hinuntergerodelt, aber dann bist du ganz alleine gefahren. Das war ein toller Tag damals.«

So eine Erinnerung hat zwei Vorteile: Sie nimmt Ihr Kind während einer furchterregenden Situation woandershin mit, und sie erinnert Ihr Kind zugleich an eine Zeit, als es sich gefürchtet und die Situation zum Guten gewendet hat, nachdem es die Kontrolle (wieder)gewonnen hatte.

Panik vor der Praxis

Die Angst vor dem Arztbesuch überwinden

Warum haben die meisten Kinder Angst vor dem Arzt oder dem Zahnarzt? Eltern nehmen logischerweise an, daß es die Angst vor Schmerz ist; aber diese Angst ist auch eine Angst vor Kontrollverlust. Das Imaginations-Training gibt Ihrem Kind etwas von dieser Kontrolle zurück und macht die nötigen Untersuchungen für Sie beide einfacher.

Die Angst vor dem Kinderarzt besiegen

Die Angst eines Kindes vor dem Arztbesuch ist entwicklungsbedingt, sie manifestiert sich allmählich mit dem wachsenden Bewußtsein des Kindes. Den meisten Kleinkindern bis zum Alter von einem Jahr macht ein Arztbesuch noch nichts aus, da sie medizinische Behandlungen, wie zum Beispiel Impfungen, noch nicht vorausahnen können. Wenn sie dennoch protestieren, müssen die Gründe für ihr Unbehagen anderswo liegen. Vielleicht weinen sie, weil sie das Rascheln des Papiers auf dem Untersuchungstisch nicht mögen oder weil sie nicht nackt ausgezogen werden wollen. Eltern sollten darauf achten, was speziell ihr Baby am meisten stört, und versuchen, es zu vermeiden. Falls es das

Papier ist, bringen Sie das nächste Mal eine Decke oder ein Handtuch von zu Hause mit. Wenn es der Untersuchungstisch ist, ist der Arzt vielleicht bereit, das Baby auf Ihrem Schoß zu untersuchen. Eine vertraute Decke ist auch gut zum Zudecken geeignet, wenn das Baby sich nackt nicht wohl fühlt.

Natürlich hängt die Realisierbarkeit solcher Alternativen von Ihrem Kinderarzt ab. Manche sind für so etwas zugänglicher als andere. Absolut wichtig ist, daß sowohl die Eltern als auch der kleine Patient sich bei diesem Arzt gut aufgehoben fühlen. Bedenken Sie, daß Kinder ihren Arzt sehr viel häufiger sehen als Sie zum Beispiel Ihren Internisten und daß dies eine Beziehung über viele Jahre sein wird. Wenn möglich, sollten Eltern deshalb einen Arzt wählen, mit dem sie grundsätzlich auf einer Wellenlänge liegen. Nach meiner Erfahrung sind die besten Ärzte diejenigen, die sich gut auf die jeweiligen Persönlichkeiten und Situationen einstellen können. Es ist an Ihnen, Ihre Einschätzung und die Reaktionen Ihres Kindes abzuwägen, bevor Sie sich auf einen Arzt festlegen.

Wachsende Panik

An einem bestimmten Punkt zwischen dem zwölften und fünfzehnten Lebensmonat beginnen Babys, die bis dahin noch nie Schwierigkeiten gemacht haben, plötzlich damit: Egal, was Sie ihm anbieten, Ihr Baby lehnt es ab. Und dieses Verhalten beschränkt sich nicht nur auf die Arztpraxis; es wird zu einer Alltäglichkeit. Rechnen Sie damit, daß Ihr Baby gegen Wickeln, Baden und Anziehen protestiert – all die kleinen Dinge, die Sie bis dahin problemlos absolviert haben. Akzeptieren Sie es als eine normale Entwicklungsphase, und halten Sie einen Sack voll Ablenkungen für die Arztbesuche und Routine-Untersuchungen im zweiten Lebensjahr bereit. Nach zweieinhalb verschwindet dieses Verhalten normalerweise wieder: Dasselbe Kind, das vorher die ganze Untersuchung hindurch geschrien hat, ist plötzlich freundlich und kooperativ und bleibt vielleicht sogar auf dem Schoß des Arztes sitzen.

Abgesehen von diesen entwicklungsbedingten Veränderungen ändert sich auch die Wahrnehmung des Kindes für die medizinische Behandlung. Die Prozeduren, die die größte Aufregung bei Kindern und Eltern hervorrufen, sind solche mit einer Nadel: Injektionen oder Blutabnahmen. Die meisten Kinder unter fünfzehn Monaten scheinen weniger Probleme zu machen, wenn die Sache schnell und ohne großes Aufheben vonstatten geht. Eine Injektion ist so schnell vorüber, daß hier keinerlei Ablenkung nötig ist, obwohl manche Kinder sich davor oder danach gut von einem hellen Licht oder irgend etwas Buntem ablenken lassen. Eltern können nonverbale Beruhigungsmethoden wie Schaukeln, Streicheln oder In-den-Arm-Nehmen anwenden und fragen, ob die Injektion dann gegeben werden kann, wenn das Kind sicher und geborgen auf dem Schoß von Mutter oder Vater sitzt.

Nadeln und Spritzen

Manche Verhaltenspsychologen glauben, daß die Angst vor Nadeln ein Urinstinkt ist. Wie dem auch sei, sicher ist, daß sie uns durch unser ganzes Leben begleitet: Während meiner Dienstzeit als Militärarzt während des Vietnamkriegs habe ich mich immer darüber amüsiert, daß kampferprobte Rambo-Typen, die immun waren gegen den Anblick und die Geräusche des Krieges, eine simple Tetanus-Spritze nicht besser ausgehalten haben als ein durchschnittliches Kindergartenkind: »Sind Sie sicher, daß ich diese Spritze brauche, Doc? Die Nadel sieht aber schrecklich groß aus!«

Ich habe festgestellt, daß viele Kinder nicht mit der Angst vor einer eventuellen Spritze in die Praxis kommen – sie wissen vielleicht noch nicht einmal, was das ist, bis sie es von einem Spielkameraden erfahren oder bei der Impfung eines Geschwisters dabei sind. Sie bekommen es aber mit der Angst zu tun, sobald sie die Vorbereitungen dazu registrieren. Manchmal löst der Geruch des Alkohols zum Desinfizieren oder der Anblick der Spritze diese Angst aus. Aber egal, ob Ihr Kind naiv, unbekümmert oder beinah schon hysterisch ist – es gibt eine Menge Tricks und Ablenkungsmöglichkeiten für solche Fälle. Lesen Sie doch noch einmal die vier unterschiedlichen Möglichkeiten zum Umgang mit einer Nadelphobie im ersten Teil des Kapitels »Die Kunst der Ablenkung« nach.

Ein Lösungsvorschlag, der dort allerdings nicht genannt wird, ist für Kinder gedacht, die wirklich schon ausgerastet sind und die nur mit Gewalt überhaupt im Untersuchungszimmer gehalten werden können. Leider gibt es keine Möglichkeit, mit einem Kind, das sich gerade vollkommen irrational verhält, die Sache auszudiskutieren. Nur in solchen absoluten Extremsituationen hat es sich als beinah narrensichere (wenn auch scheinbar entsetzliche) Methode erwiesen, den Schmerz und die Folgen jeglichen Widerstands gegen ihn zu übertreiben. In ganz ernstem, aber nicht drohendem Ton sagen Sie Ihrem Kind: »Du wirst diese Spritze bekommen, ob du willst oder nicht. Aber du bestimmst, ob sie weh tut oder nicht. Wenn du dich dabei auch nur das kleinste bißchen bewegst, wird es sehr, sehr stark brennen. Wenn du dich aber ganz, ganz still hältst, wirst du die Spritze kaum spüren.« Die Reaktionen von Kindern darauf sind kaum zu glauben. Manche sind richtig enttäuscht, daß es nicht weh getan hat: »Das war alles? Es hat ja gar nicht weh getan!«

Lassen Sie uns die Einzelheiten Ihrer im Ergebnis überraschenden Erklärung betrachten. Sie stellen unumstößlich fest, was nicht in der Macht des Kindes liegt, gleichzeitig geben Sie ihm aber die Kontrolle über einen Aspekt des Geschehens: den Grad der Unannehmlichkeit. Den Schmerz zu übertreiben hat normalerweise zur Folge, daß das Kind ruhig bleibt, bis die Spritze verabreicht wurde. Manchem mag dieses Vorgehen grausam erscheinen, aber tatsächlich ist es weitaus humaner als die übliche Methode: aufgeregte Verhandlungen, die zu nichts führen. (Sie kennen dieses Spiel: Sie bitten und erklären, während das Kind brüllt und sich windet.)

Wenn es nötig ist, aus dem Arm Blut abzunehmen, was ja mehr Zeit braucht als eine Spritze, wenden wir in meiner Praxis manchmal den Aderpresse-Trick an. Ich befestige sie am Arm des Kindes, während ich folgende Erklärung abgebe: »Ich werde dieses Band um deinen Arm legen, damit du kaum etwas von dem spüren wirst, was ich anschließend tue. Und du sagst mir, wann dein Arm anfängt zu prickeln oder ein bißchen weh zu tun.« Wenn das Kind mir das Zeichen gibt, sage ich: »Prima, es funktioniert, und du wirst kaum etwas spüren. Du kannst sogar zugucken, wie ich die Nadel hineinpiekse.«

Bei dieser Methode gebe ich der Aderpresse (die Sie auch als Armband der indianischen Medizinmänner oder Zauberreif bezeichnen können) die Macht, etwas zu bewirken (das auch tatsächlich passiert), verstärkt durch eine kleine Begründung, die zwar nicht ganz korrekt ist, aber sehr plausibel klingt. Einem Kind zu sagen, daß sein Arm durch das Armband taub oder schläfrig wird und daß es dadurch kaum etwas spürt, klingt selbst für den gewitztesten Sechsjährigen logisch. Und ob Sie's glauben oder nicht: Weil die meisten Kinder glauben wollen, daß ihr Arm einschlafen wird, tut er das meistens auch!

Kleinere Kinder, zwischen vier und sechs, ziehen es vor, wenn Sie den Schmerz als »Aua«, »Weh weh« oder »Autsch« bezeichnen. Solche Wörter scheinen es ihnen leichter zu machen, den Gedanken an etwas Unangenehmes zu ertragen.

Manche Blutabnahmen gehen problemlos über die Bühne, aber es gibt Kinder, für die so etwas zum Alptraum wird. (Bedenken Sie immer, daß diese Reaktionen viel mit der individuellen Persönlichkeit zu tun haben und daß Sie sich nie darüber lustig machen sollten.) Es stimmt auch, daß an bestimmten Tagen, zu bestimmten Zeiten und abhängig davon, wer die Prozedur durchführt, so etwas mehr oder weniger weh tut. Manche Kinder haben jedoch in jeder Umgebung und unabhängig von den Vorbereitungen Angst, und in so einem Fall helfen ein paar kleine Tricks.

Wenn mehr als ein paar Blutstropfen aus der Fingerspitze benötigt werden, brauchen Sie eine Ablenkung, die Ihr Kind nicht nur beruhigt, sondern auch längere Zeit ruhig hält. Bei den Kleinsten sind Summen, Singen oder Sprechen mit sanfter Stimme hilfreich, weil die Aufmerksamkeit dadurch auf Mamas oder Papas bekannte, beruhigende Stimme gelenkt wird. Wenn Sie eine Hand frei haben (in manchen Praxen wird man Sie, je nach Alter des Kindes, bitten, es auf dem Schoß zu halten), sollte ein längeres Fingerspiel Ablenkung genug für die ganze Prozedur sein. Wenn Sie beide Hände frei haben, zeigen Sie Ihrem Kind ein Bilderbuch, am besten eines, bei dem sich etwas bewegt, wenn man an bestimmten Stellen zieht oder drückt.

Ab circa fünf Jahren sind die meisten Kinder bereit, bei einem Imaginations-Spiel mitzuspielen. Fangen Sie mit der

Geschichte an, sobald das Desinfektionsmittel auftaucht: »Stellen wir uns mal vor, wir machen einen Spaziergang durch Herrn Gregors Garten. Ich sehe Peter Hase mit seinem weichen, glänzenden Fell. Er versteckt sich hinter runden grünen und violetten Kohlköpfen. Sein Bruder Flopsi ist auch dabei. Die beiden haben ein paar Kohlblätter verputzt, aber sie sind immer noch hungrig. Welches Gemüse könnten sie als nächstes essen?« Wenn Ihr Kind nicht bereit ist, sich an der Geschichte zu beteiligen, es ihm aber offensichtlich hilft, Ihnen zuzuhören, erzählen Sie einfach weiter. Versuchen Sie dabei jedes Gemüse so detailliert wie möglich zu beschreiben. Je mehr Einzelheiten Sie nennen, desto leichter ist es für Ihr Kind, diese in seiner Phantasie auch zu sehen. Dann sind das nicht einfach nur »Karotten«, sondern »lange, leuchtend orangefarbene Karotten, die wie Cornflakes krachen, wenn Peter an ihnen knabbert«. Wählen Sie eine Geschichte aus, die Ihr Kind besonders mag; Sie können kaum danebenliegen, wenn Sie die Geschichte des aktuellen Lieblingsbuchs oder -films nacherzählen oder Ihr Kind in Gedanken an seinen Lieblingsplatz oder das Ziel seiner Tagträume bringen.

Denken Sie daran, daß ein Einstich oder eine Injektion, die Ihrem Kind in der Praxis gar nichts ausgemacht hat, Stunden später ein großes Aua bewirken kann. Statt ungläubig zu reagieren – »Wie kann dir das denn jetzt noch weh tun?« –, greifen Sie besser zu einem bewährten »Schmerzmittel« wie Pusten oder Küssen oder geben Ihrem Kind ein Stofftier in die Hand, das es fest drücken kann, um den Schmerz loszuwerden. Nach einer Injektion oder Blutabnahme kann tatsächlich Schmerz auftreten. Fragen Sie deshalb, bevor Sie die Praxis verlassen, ob Sie die Einstichstelle mit einem Eiswürfel, einer Salbe oder etwas anderem behandeln können, falls noch Schmerzen auftreten.

Mama, Papa, Mund halten!

Jetzt möchte ich noch kurz darauf zu sprechen kommen, was Sie nicht tun sollten. Manche Eltern glauben, daß lange Vorbereitungsgespräche vor dem Besuch der Arztpraxis hilfreich sind. Je aufgeregter Eltern nämlich über etwas sind, desto mehr glauben sie, darüber reden zu müssen. Und manchmal wird das Kind um so nervöser, je mehr die Eltern reden.

Ich habe festgestellt, daß insbesondere bei kleinen Kindern eine ganz kurze Ankündigung mit einem Minimum an Erklärungen am besten funktioniert. Ich habe schon Eltern erlebt, die ihr Kind zwei Wochen im voraus auf den Arztbesuch vorbereitet haben. Wenn es dann endlich soweit ist, ist das Kind schon völlig durcheinander!

Es wäre sicher falsch, einem Dreijährigen zu sagen, daß Sie mit ihm zur Oma fahren und dann die Arztpraxis anzusteuern, andererseits ist auch eine ausführliche Diskussion über das Thema unnötig. Die passende Ankündigung der Routineuntersuchung eines Dreijährigen wäre: »Wir werden den Doktor besuchen, weil er sehen möchte, wie groß und stark du geworden bist.« Je jünger das Kind, desto kürzer die Ankündigung und desto näher sollte der Arzttermin schon liegen. Für eine Routineuntersuchung ist eine Ankündigung am selben Tag früh genug.

Die Panik vor dem Zahnarzt entschärfen

Zahnarztkollegen berichten mir von einer instinktiven Angst ihrer Patienten vor der Zahnbehandlung, ähnlich der vor Spritzen. Vielleicht reicht sie zurück bis zu den ersten Zahnschmerzen irgendeines Höhlenmenschen, der sich den Zahn dann von einem Mitbewohner seiner Höhle herausreißen ließ. Zum Teil wird das Trauma, und das gilt für Erwachsene wie Kinder gleichermaßen, dadurch verursacht, daß »das Opfer« nicht sprechen kann, während jemand seine Hände in seinem Mund hat, daß man in verletzlicher Haltung auf dem Rücken liegt und nicht sehen kann, was der Zahnarzt gerade tut. Rechnen Sie jetzt noch das Unbehagen hinzu, das der Zahnarzt mit dem Herumstochern im Mund hervorruft, und es ist kein Wunder mehr, daß Kindern vor Zahnarztterminen graust.

Ihre Wahl des Zahnarztes ist von allergrößter Bedeutung. Eines der wichtigsten Kriterien ist dabei, daß der Zahnarzt oft Kinder behandelt. Nachfragen im Bekanntenkreis oder bei Ihrem Kinderarzt sollten Ihnen ein paar Empfehlungen einbringen. Ein Zahnarzt muß nicht auf Kinder spezialisiert sein, aber wenn Sie auf der Suche nach einem Zahnarzt für die ganze Familie sind, macht es Sinn zu fragen, ob der Betreffende Kinder als Patienten überhaupt annimmt. Der zeitliche Behandlungsaufwand für ein kleines Kind ist unvergleichlich größer als bei einem Erwachsenen, und manche Ärzte haben vielleicht keine Geduld, diese Zeit aufzubringen. Andere sind vielleicht generell nicht an Kindern als Patienten interessiert. Alles andere als begeisterte Zustimmung sollten Sie als Signal werten weiterzusuchen. Auch ein schneller Blick ins Wartezimmer ist aufschlußreich: Gibt es dort keine Kinderecke mit ein paar Bilderbüchern und Spielsachen, ist das vermutlich nicht die richtige Praxis für Ihr Kind.

Die Persönlichkeit des Arztes spielt auch eine Rolle. Manche gestatten vielleicht keinerlei Einmischung, andere sind froh, wenn Sie Ihr Kind während der Behandlung ablenken und so dem Zahnarzt die »Schau« stehlen. Ein flexibler Arzt, der Erfahrung mit Kindern oder sich sogar auf ihre Behandlung spezialisiert hat, wird seine eigenen Ablenkungsmethoden einsetzen und Sie vielleicht bitten, die Ihren nur im Notfall anzuwenden. Manche verlassen sich auf ihre eigenen Unterhalterfähigkeiten, andere verwenden optische Reize oder Kopfhörer mit Musik und Geschichten. Eine andere Möglichkeit ist, das Kind in die Behandlung einzubeziehen, indem es selbst ein Duplikat jedes Instruments in die Hand bekommt oder einen Spiegel, in dem es die Untersuchung verfolgen kann – was dazu beiträgt, den ganzen Vorgang zu entmystifizieren.

Wenn Sie als Eltern während der Behandlung zusätzlich für Ablenkung sorgen müssen, sollten Sie darauf achten, nichts zu tun, was den Zahnarzt ebenfalls ablenkt. Weihen Sie ihn in jedem Fall ein, bevor Sie damit beginnen. Günstig sind Ablenkungen, die so viele Sinne wie möglich ansprechen – in diesem Fall alles, was Ihr Kind sehen und hören kann. Sie können sich zum Beispiel in das Blickfeld Ihres Kindes stellen und ihm ein Objekt zeigen, auf das es sich konzentrieren soll. Wie beim Hypnotisieren hat hier das Anstarren eines visuellen Hilfsmittels zur Folge, daß auch das nervöseste Kind sich entspannt. Dinge, die sich bewegen, wie ein Windrädchen, oder die leuchten, wie eine Taschenlampe oder ein Gameboy, funktionieren meist gut; außerdem kann man ihre Wirkung vorab testen. Akustische Ablenkungsmöglichkeiten reichen vom Erzählen des Lieblingsmärchens (wenn der Zahnarzt nichts dagegen hat) bis zum Hören von Lieblingsmusik oder -geschichten über Walkman. Pop-up-Bilderbücher eignen sich besonders für kleine Kinder (denn viele Zahnärzte empfehlen einen ersten Besuch noch vor dem zweiten Geburtstag!). Natürlich entscheidet die Persönlichkeit Ihres Kindes über die »beste« IT-Methode. Zum Beispiel haben manche Kinder einfach keine Geduld, sich in so einer Situation auf eine Geschichte einzulassen; ihnen ist mit einem sich drehenden Windrädchen eher geholfen.

Sobald Ihr Kind alt genug ist, das IT selbst anzuwenden, kann es mit seiner Hilfe aus der realen Umgebung entfliehen und – in Gedanken – den nächsten Wolkenflieger zu einem Luftschloß oder einem anderen Traumziel nehmen. Kinder mit einer weniger lebhaften Phantasie können sich selbst mit Tricks wie dem Fingerkreis oder dem Schmerzschalter im kleinen Finger helfen oder ihren unsichtbaren Freund zu Hilfe rufen, wie im Kapitel »Die Kunst der Ablenkung« dargestellt.

Wenn Ihr Kind eine traumatische Zahn- oder Kieferverletzung erlitten hat – einen Sturz, bei dem es sich einen Zahn ausgeschlagen hat, zum Beispiel –, sind noch andere Angstfaktoren zu berücksichtigen. Das größte Unbehagen verursacht sicher der Schmerz, aber kaum weniger erschreckend dürfte das Blut sein, das aus der Wunde fließt. Wenn Sie selbst ruhig bleiben, können Sie auch Ihr Kind rasch besänftigen, indem Sie negative in positive Anzeichen verwandeln: »Ich kann an der Farbe des Bluts sehen, daß alles in Ordnung ist. Gut, daß wir das gleich bemerkt haben.«

Viele Eltern sind durch den Anblick von Blut meist ebenso geschockt wie das Kind selbst. Beruhigen Sie sich damit, daß es meist schlimmer aussieht, als es ist, und kümmern Sie sich dann um Ihr Kind. Denken Sie daran, daß sich mit der richtigen Einstellung fast alles Negative zum Positiven wenden läßt.

Nachdem Sie Ihrem Kind die Sache mit dem Blut erklärt haben, kümmern Sie sich als nächstes um den Schmerz. Wenn Ihr Kind sehr leidet, benutzen Sie die erstbeste erprobte Methode, die dem Alter des Kindes entspricht: ein neues »Spielzeug« – dabei ist jeder Gedanke oder jedes Objekt, das Aufmerksamkeit auf sich zieht, potentiell geeignet –, ein Glücksbringer oder eines der Grundkonzepte, wie der Schmerzschalter im kleinen Finger. Genauso nützlich wie Kenntnisse in Erster Hilfe ist es, im voraus zu wissen, welche Beruhigungstechniken am wahrscheinlichsten funktionieren.

»Mit 'nem Teelöffel Zucker nimmt man jede Medizin ...«

Das Medizinschlucken »versüßen« und dabei die Autorität wahren

Die Mutter eines meiner Patienten rief mich einmal wegen eines aus Ihrer Sicht unlösbaren Problems an, bei dem sie mit ihrer Weisheit am Ende war. Ihr dreijähriger Sohn Valentin hatte zeitweise eine so unregelmäßige Verdauung, daß er unter schlimmen Verstopfungen litt. Verdauungsfördernde Nahrungsmittel wie Rosinen, Dörrpflaumen und Vollkornbrot halfen oft, und Valentin wußte, daß sie ihm bei seinem Problem helfen würden. Wenn ein paar Tage oder eine Woche verstrichen war, ohne daß er solche Lebensmittel gegessen hatte, war eine Verstopfung unvermeidlich, und manchmal nützte selbst diese ballaststoffreiche Ernährung nichts.

Etwa einmal im Monat verbrachte Valentin bis zu einer Stunde weinend oder schreiend – »Mama, ich brauch sofort Rosinen!« – auf der Toilette, bis er sich erleichtern konnte. Nachdem sichergestellt war, daß keine medizinischen Ursachen für seine Verstopfung vorlagen, schlug ich eine Reihe rezeptfreier Mittel (Pillen und Säfte) vor – einfache, aber wirkungsvolle Behandlungsmöglichkeiten für ein verbreitetes Problem. Leider sträubte Valentin sich jedoch dagegen, irgend etwas einzunehmen, insbesondere unter Druck.

Nach einer genaueren Betrachtung der Bemühungen der Mutter, was die Verabreichung der Medikamente betraf, entdeckte ich, daß die meisten ihrer Versuche mit langwierigen Verhandlungen unter extrem unerfreulichen Umständen und häufig ohne Ergebnis endeten. Obwohl also Hilfe zur Hand war, litt das Kind, und die Mutter resignierte und ließ es bestimmen, wie die Situation sich von selbst lösen würde. Ihr Anruf war eine gute Gelegenheit, Valentins Mutter nicht nur ein paar IT-Techniken vorzuschlagen, die sich als nützlich erweisen könnten, sondern – was wahrscheinlich wichtiger war – ihr auch einen Weg zu zeigen, wie die Kontrolle über das Problem, unter dem ihr Sohn litt, wiederzugewinnen war.

Einerseits beschäftigt sich dieses Kapitel mit der oft quälenden Frage, wie man ein Kind dazu bringt, eine Medizin einzunehmen. Andererseits geht es aber um etwas Allgemeineres, um einen besonders schwierigen Aspekt von Erziehung: Wie bringt man einem Kind nicht verhandelbare, unumstößliche Notwendigkeiten des Lebens bei, wie verfährt man, wenn ein Kind sich gegen etwas wehrt, das es einfach tun muß, wie zum Beispiel zur Schule gehen, sich an das halten, was Sie sagen, oder eben einen Teelöffel von einer Medizin schlucken – selbst wenn sie nicht nach Schokolade oder Kaugummi schmeckt.

Keine Angst davor, der »Böse« zu sein

Eltern machen oft den Fehler, ihren Kindern zuviel Macht zuzugestehen, und reagieren zu nachsichtig, wenn diese ausrasten, aus Angst, sie zu beleidigen. Einer der häufigsten Irrtümer, die Kinderärzte und Psychologen an Eltern registrieren, ist, daß sie selbst mit zwei- oder dreijährigen Kindern sprechen wie mit ihresgleichen. Manche Eltern halten eine Anweisung ohne Erklärung für ein Zeichen von fehlendem Respekt.

Erklärungen sollten Sie zwar in der täglichen Unterhaltung geben, aber nicht, wenn Sie eine erzieherische Botschaft übermitteln wollen. Eltern verknüpfen Aufforderungen oft mit Erklärungen, wie zum Beispiel »Bitte tu das, weil ...«, wenn »Bitte tu das« schon vollauf genügen würde. Kleine Kinder kommen mit diesem Sprachstil nicht zurecht, weil er sie verwirrt.

Die meisten Dreijährigen sind sehr streng und sachlich – sie versuchen, eine gewisse Ordnung in ihr Leben zu bringen. Sie wollen nicht, daß die Erbsen auf ihrem Teller sich mit den Karotten mischen, wollen keine Milch aus dem Saftglas trinken oder wollen den Stoffhasen nicht dort in ihrem Bett vorfinden, wo eigentlich der Teddy hingehört. Erklärungen können von Ihrem Kind so interpretiert werden, daß etwas diesmal nicht in Ordnung ist, aber vielleicht beim nächsten Mal – was ihnen nicht die nötige Sicherheit gibt.

Die meisten Kleinkinder wollen und brauchen die Dinge um sich herum in einem klaren Schwarz-Weiß-Schema, nach dem Motto: Das ist gut, das ist schlecht. Das Warum zu erklären endet oft in einer Situation, in der Sie über etwas verhandeln müssen, das Sie längst als nicht verhandelbar betrachtet hatten. Während man eine unnötige Erklärung gibt, vergißt man oft, überhaupt zu sagen, was man eigentlich von dem Kind will.

Statt zum Beispiel einfach zu sagen »Hör auf, dich mit anderen zu schlagen!« – eine häufige Anordnung in jeder Familie –, sagen viele Eltern etwas wie »Hör auf, dich mit anderen zu schlagen, weil das nicht nett ist. Andere Kinder sind traurig, wenn du sie haust, und irgendwann will keiner mehr mit dir spielen. Und du weißt doch noch, daß dir das auch nicht gefallen hat, als du das letzte Mal aus dem Bett gefallen bist und dir weh getan hast.« Wenn also Ihr Kind das nächste Mal zwanzig Minuten von Ihrer Zeit und Aufmerksamkeit möchte, wird es das Nachbarskind verhauen und sich dann zur nächsten Lektion bei Ihnen einfinden.

Auf eine Wiederholung des Fehlverhaltens reagieren Eltern dann oft so: »Was ist los mit dir? Haben wir das nicht gerade erst besprochen?« Als erstes sollten Sie sich darüber im klaren sein, daß nicht »wir«, sondern nur »Sie« das besprochen haben! Zweitens haben Sie es versäumt, dem Kind eine genaue Anweisung zu geben, die ihm sagt, welches Verhalten Sie von ihm erwarten. Drittens haben Sie Ihrem Kind bereitwillig Ihre Zeit dafür geschenkt, daß es etwas Falsches getan hat – Sie haben sein Fehlverhalten gewissermaßen mit Zeit und Aufmerksamkeit »belohnt«.

Eine ausführlichere Erklärung kann angebracht sein, wenn sie zu einem anderen Zeitpunkt erfolgt als die Ermahnung. Wenn es darum geht, eine Medizin zu verabreichen, sollte Ihre Aussage über folgendes nicht hinausgehen: »Du mußt deine Medizin nehmen. Davon wird es dir bald besser gehen.« Vermeiden Sie es, sich in einem Monolog zu verlieren à la »Wenn du deine Medizin nicht nimmst, wirst du noch kränker, und dann mußt du ins Krankenhaus, und dann versäumst du die Schule, und deine Freunde werden ...« Sie sehen selbst: Je länger die Begründung, desto versteckter und schließlich ganz verloren ist die eigentliche Botschaft. Eine in die Länge gezogene Erklärung machte die wahre Bedeutung Ihrer Worte viel schwerer verständlich. Und denken Sie daran, nicht zu verhandeln, wenn Sie Ihr Kind zu etwas bewegen wollen, das nicht verhandelbar ist. Über dem Bett meines ersten Kindes hatte ich ein Schild mit der Aufschrift: »Eine Person ist eine Person, so klein sie auch sein mag.« Bevor mein zweites Kind aus dem Krankenhaus nach Hause kam, habe ich das Schild abgenommen.

Die Grundregeln festlegen

Die Einnahme von Medikamenten ist ein Konfliktfeld, auf dem Eltern und Kinder oft aneinandergeraten. Der erste Schritt für Eltern, im Kampf erfolgreich zu bestehen, ist die möglichst frühzeitige Festlegung von Grundregeln. Ohne gemein oder verärgert zu erscheinen, sollten Sie entschieden klarmachen, daß es ein paar Dinge im Leben gibt, auf die das Kind Einfluß nehmen kann, daß sich ein paar andere aber seinem Wollen entziehen. Machen Sie absolut deutlich, daß der aktuelle Umstand in die letzte Kategorie fällt und daß es seine Medizin so oder so nehmen wird. Diese Tatsache ist nicht verhandelbar, und Sie sollten sie von vorneherein und eindeutig so darstellen. Lassen Sie keine Schlupflöcher für Wünsche oder Verhandlungen.

Es besteht natürlich auch hier die Möglichkeit, das IT ins Spiel zu bringen. Bedenken Sie, daß Angst eine Krankheit immer schlimmer macht. Wenn ein Kind schon krank ist, Schmerzen hat oder sich unwohl fühlt und dann noch die Aussicht hat, ein gefürchtetes Medikament nehmen zu müssen, steigert das seine Angst nur noch mehr. Wenn es allerdings richtig präsentiert wird, hat jedes Medikament einen sehr starken Placebo-Effekt, besonders bei jüngeren Kindern, die für die Macht der Suggestion noch sehr empfänglich sind. Kurz gesagt, wenn ein Kind glaubt, daß die Medizin helfen wird, wird sie das wahrscheinlich auch tun, und das auch noch ziemlich schnell! Indem Sie Ihr Kind das Medikament sofort einnehmen lassen, wenn die Symptome auftreten, suggerieren Sie ihm, daß es ihm augenblicklich besser geht.

Wenn Sie Ihrem Kind seine Medizin geben, sollte das mit großer Wichtigkeit geschehen, die auch freudvoll klingen kann. »Ich gebe dir etwas, wovon es dir gleich viel besser gehen wird« macht einen positiven Eindruck und erhöht die Chance auf Zustimmung und schnelle Einwilligung. Das weniger kraftvolle »Jetzt ist es Zeit für deine Medizin«, eine neutrale oder sogar negative Ankündigung stoßen mit viel geringerer Wahrscheinlichkeit auf die gewünschte Reaktion.

Wenn Ihr Kind trotzig reagiert, verstärken Sie Ihre anfängliche Erklärung mit etwas wie »Der Arzt sagt, daß es sehr schnell hilft«, das mehr Gewicht auf die fremde Autorität legt. Geben Sie dem Kind die Möglichkeit, sich aktiv zu beteiligen, indem Sie verkünden, daß die Medizin noch schneller und besser wirkt, »wenn du dich nicht bewegst/wenn du sie auf einmal schluckst/sie im Mund behältst«. Schließlich können Sie noch hinzufügen: »Wenn du tust, was ich dir sage, wird das alles sehr viel schneller erledigt sein, als es dauert, darüber zu diskutieren.«

Selbst wenn Ihr Kind also nicht bestimmen kann, ob es das Medikament nehmen will, kann es doch selbst entscheiden, ob diese Erfahrung angenehm oder unangenehm sein, schnell oder langsam vorübergehen wird. Heutzutage haben die meisten Arzneimittel für Kinder einen angenehmen Geschmack, so daß die Unannehmlichkeit eher von der Einstellung als von der Medizin selbst herrührt.

Taten statt Worte

Ablenkung kann sehr wirkungsvoll sein, wenn Sie Ihrem Kind ein Medikament geben müssen. Wenn es gerade von einem Film, einer Geschichte oder Musik gefesselt ist, wird es ohne nachzudenken den Mund für den Löffel in Ihrer Hand aufmachen. Diese Strategie funktioniert bei einem Kind, das Ihre Anweisungen für vernünftig hält. Ich habe in meiner Praxis aber auch schon gelegentlich Kinder erlebt, die sich absolut weigern, etwas zu schlucken, und bei denen eine etwas strengere Methode erforderlich ist.

Bei dieser kleinen Gruppe von Kindern sollte man folgendermaßen vorgehen: Nehmen Sie das Kind fest auf den Schoß, handeln Sie wie eine Art Roboter (nicht wütend oder ärgerlich, sondern einfach emotionslos) und erklären Sie ihm: »Wenn du das hier ausspuckst, werde ich es dir wieder geben.« Jegliche Gefühlsäußerung bei dieser Prozedur herauszuhalten und Autorität zu zeigen gibt dem Kind zu verstehen, daß es früher oder später wird nachgeben müssen. Selbst wenn es beim ersten Mal zwei Stunden dauert, wird Ihr beharrliches Vorgehen eine wichtige Erfahrung sein, so daß es beim nächsten Mal schon sehr viel leichter gehen wird. Bestenfalls müssen Sie dieses Vorgehen zwei- bis dreimal wiederholen. Aber wenn Sie unschlüssig sind und sich auf Verhandlungen einlassen, wird ein Kind so lange nicht aufhören, Sie herauszufordern, wie es das Gefühl hat, daß es noch irgendeine Spur von Macht besitzt.

Teil dieses »Spielchens« ist es, zu sehen, wie Sie ausrasten oder resignieren, denn das spornt das Kind erst richtig an. Nachdem Ihr Kind den Wink verstanden und brav geschluckt hat, ist es Zeit für großzügige positive Verstärkung: »Ich bin wirklich stolz auf dich! Man sieht, daß du jetzt schon groß bist! Wie toll du jetzt schon eine Medizin einnehmen kannst!«

Mit etwas Übung und Phantasie können Sie diese Strategie auch auf andere Problembereiche übertragen, so daß Medizinschlucken u.a. bald zur Routine wird.

Mit einem Löffelchen Phantasie läßt sich die Medizin leichter schlucken

Wenn es darum geht, den Widerwillen gegen die Medikamenteneinnahme abzubauen, kann das IT eine nützliche Hilfe sein, besonders auch für ein Kind, das zwar gutwillig ist, aber nicht weiß, wie es so eine Pille überhaupt schlucken soll. Für kleine Kinder, die eine Tablette noch nicht mit einem Schluck Wasser hinunterspülen können, ist es oft eine ziemlich beängstigende Sache, zum Beispiel ein großes Antibiotikum zu schlucken. Natürlich gibt es inzwischen schon alle möglichen Säfte, die nach Kaugummi schmecken, oder Kautabletten, aber früher oder später steht jedes Kind vor der Aufgabe, eine große Tablette seinen scheinbar viel zu kleinen Hals hinunterbringen zu müssen.

Lassen Sie Ihr Kind sich zunächst vorstellen, die Tablette sei ein Bissen seiner Lieblingsspeise. Dann soll es sich vorstellen, seine Kehle ließe sich im Durchmesser verändern, um ihn zu schlucken. Vermitteln Sie ihm zum Beispiel folgende Vorstellung: »Dein Hals ist wie ein Tunnel, den du größer und kleiner machen kannst. Zuerst ist er ganz schmal, nicht breiter als dein Daumen. Kannst du ihn sehen? Wenn du jetzt auf deinen Bauchnabel drückst, wird er immer breiter. Oh, ich sehe, wie er immer weiter aufgeht. Drückst du immer noch, denn ich sehe, daß er noch größer wird? Diese kleine Tablette wird da sicher problemlos hinunterrutschen!« Natürlich sollten Sie kleinen Kindern sagen, daß sie diesen Trick nur zum Schlucken von Medizin anwenden dürfen.

Heile, heile Segen

Damit es nicht mehr so weh tut

Obwohl ich schon Hunderte von Kindern in meiner Praxis behandelt habe, wundere ich mich noch immer darüber, wie rasch manche sich von ihren Schrammen nach einem Sturz erholen, während andere sich benehmen, als hätten sie ein Bein verloren. Egal, ob es sich um einen kleinen Unfall, ein echtes Trauma oder eine ernste Erkrankung handelt, die Zeit, die Ihr Kind braucht, um sich davon zu erholen, und das Unbehagen, das es dabei empfindet, hängt sehr von seiner Persönlichkeit ab. Mit Ihrer Hilfe kann das Imaginations-Training den Schmerz in Grenzen halten und erträglicher machen.

Es ist ziemlich schwierig festzustellen, wieviel von diesem Schmerz echt und was übertrieben ist. Schmerz besteht aus zwei Komponenten: Die eine ist die körperliche Empfindung, die andere die Art und Weise, wie wir sie wahrnehmen. Ärzte wissen, wie sie den physischen Aspekt von Schmerz mit Hilfe von Schmerz- oder Betäubungsmitteln, Eis und anderen Heilmitteln in den Griff bekommen können, Eltern haben dagegen großen Einfluß auf die Psyche ihres Kindes, also auf den psychologischen Aspekt von Schmerz.

»Selektive Wahrnehmung« (kurz gesagt, das Ignorieren von Schmerz, während man sich auf etwas anderes konzentriert) wird oft von Erwachsenen angewandt, ohne daß sie sich dessen bewußt wären. Zum Beispiel wenn sich bohrender Kopfschmerz einstellt, während Sie an einem wichtigen Projekt im Büro sitzen. Sie sagen zu sich selbst, daß Sie jetzt keine Zeit für diese Kopfschmerzen haben, und arbeiten weiter an Ihrer Aufgabe. Wenn Sie sie zwei Stunden später beendet haben, stellen Sie fest, daß Ihre Kopfschmerzen immer noch da sind. Die physische Komponente des Schmerzes hat sich nicht geändert, aber Ihre Wahrnehmung: Indem Sie sich auf Ihre Arbeit konzentriert haben, haben Sie es vermieden, an den Schmerz zu denken, und waren deshalb in der Lage, normal zu »funktionieren«. Profi-Sportler – zum Beispiel Fußballer, die mit einem gebrochenen Knöchel weiterspielen – haben diese Technik zu einer Kunst weiterentwickelt.

Alltägliche Kratzer und Schrammen

Wenn Eltern bei kleineren Schnittwunden oder Kratzern die Sache sofort in die Hand nehmen, indem sie gleich mit der Behandlung beginnen (die Wunde säubern, desinfizieren und mit einem Pflaster oder einem Verband versehen), wird dieser Vorgang wichtiger als der Schmerz selbst. Dabei zu sagen »Jetzt machen wir alles, damit es bald aufhört, weh zu tun« gibt dem Kind eine Vorstellung davon, daß diese Erfahrung zeitlich begrenzt ist. »Wenn ich den Dreck weggemacht habe, wird es gleich viel weniger weh tun« – so eine Aussage verschafft Ihrem Kind eine ermutigende Aussicht. Sprechen Sie über die Situation und den Vorgang: »Schau mal, was dein Blut für eine gesunde Farbe hat. Das bedeutet, daß es ganz schnell heilen wird.« Dann machen Sie Ihrem Kind ein Kompliment und geben ihm ein Gefühl von Souveränität. Sie fördern seine Fähigkeit, sich selbst zu helfen, wenn Sie ihm versichern: »Ich bin wirklich stolz auf dich, weil du so tapfer bist. Wenn ich diese Salbe drauftue, wird es gleich aufhören, weh zu tun.«

Wenn Sie ein eher hysterisches Kind haben, das nur noch brüllt, ist so eine vernünftige Konversation jedoch Zeitverschwendung. Verkneifen Sie sich Äußerungen wie »Ist doch nicht so schlimm«, »Sei doch kein Baby« oder das am schwersten zu unterdrückende »Warum hast du denn nicht besser aufgepaßt?« Gewinnen Sie statt dessen lieber zunächst die Aufmerksamkeit Ihres Kindes mit Beruhigungs- oder Ablenkungstechniken zurück, die seinem Alter entsprechen. So können Sie ihm helfen, die Kontrolle über die Situation wiederzugewinnen und sich zu fassen.

Im-Arm-Wiegen und Streicheln helfen bei kleineren Kindern am besten. Singen oder Summen funktioniert meist auch. Ihr Kind kann sich auch auf Ihre Stimme konzentrieren, während Sie ihm erklären, was passiert. Bei älteren Kindern würde ich Ihnen vorschlagen, erst einmal gemeinsam tief Luft zu holen. Sie können ja dann noch hinzufügen: »Wußtest du, daß ein Wehwehchen viel mehr weh tut, wenn man weint? Aber je mehr Luft du einatmest, desto schneller wird der Schmerz vergehen.«

Versuchen Sie es bei Kindern jeden Alters mit Ablenkung: Lassen Sie es fernsehen, lesen Sie ihm vor, erzählen Sie eine Geschichte, oder lassen Sie es Ihre Hand ganz fest drücken. Andere Methoden, mit denen Eltern schon seit Generationen Erfolg haben, sind das Küssen oder Pusten, was zugleich kühlt und dafür sorgt, daß das Kind sich besser fühlt.

Andere Techniken, die Sie (oder Ihr Kind) im wahrsten Sinne des Wortes in der Hand haben, sind das Zählen Ihrer Finger oder Draufblasen wie bei Kerzen auf einer Torte. Oder lassen Sie Ihr Kind seine Faust oder nur einen Daumen so fest pressen wie möglich. Sagen Sie dazu: »Stell dir vor, daß du den ganzen Schmerz in deine Hand drückst. Jetzt machst du deine Hand auf und wirfst ihn aus deinem Körper in die Luft.« Eine Alternative ist, Mamas oder Papas Hand zu drücken, nachdem Sie versprochen haben, den Schmerz für das Kind zu »entsorgen«.

Manchmal ist nicht der tatsächliche Schmerz oder der Anblick von Blut das Problem, sondern vielmehr die Überraschung durch den Unfall und der Kontrollverlust, den das Kind empfindet. Manche Kinder glauben, daß das Objekt, das an dem Unfall beteiligt war, ihm einen Schaden zufügen wollte, und sind beleidigt. Und ein »Anschlag« durch ein unbelebtes Objekt kann für ein Kind wie für einen Erwachsenen gleichermaßen peinlich sein. (Wer hat nicht schon nach einer offenen Schublade oder einem Stuhl getreten oder geschlagen, in der Annahme, daß sie uns eine »Falle« gestellt haben?) Eine Mutter erzählte mir, daß sie ihr Kind sogar ermutigte, jedesmal, wenn ein Malheur mit irgendeinem Gegenstand passierte, seinem Frust mit einer Beschimpfung des Übeltäters Luft zu machen. Zu schreien »Ah, du blöder Stuhl!« fungiert als Ablenkung vom Schmerz und ist gleichzeitig geeignet, den Gesichtsverlust des Kindes zu verhindern, weil es die »Schuld« abschiebt.

Chronische Erkrankungen

Wenn eine Erkrankung medizinisch diagnostiziert ist, kann IT die Behandlung sinnvoll unterstützen. Kinder mit einer chronischen Krankheit müssen oft täglich Schmerzen oder Beschwerden ertragen. Die meisten chronischen Erkrankungen haben eine emotionale Komponente, die die Symptome verstärken kann und das oft auch tut. So tendieren beispielsweise Kinder mit einem schlimmen Ekzem dazu, ins Schwitzen zu geraten, wenn sie nervös sind. Wenn sie schwitzen, beginnt der Ausschlag stärker zu jucken, was sie zum Kratzen veranlaßt, dadurch juckt es noch mehr, und sie werden noch nervöser – ein echter Teufelskreis.

Kinder mit häufigen Bauchkrämpfen haben meist einen überaktiven Darm, der Verdauungsstörungen verursacht. Auch wenn Streß hier nicht die Ursache ist, haben diese Kinder meist in stressigen Situationen öfter Krämpfe. Streß verursacht Schmerzen, und Schmerzen verursachen Streß, daher ist es wichtig, den Teufelskreis zu durchbrechen. Es ist hilfreich, Ihr Kind dazu zu bringen, während der Krämpfe eine Form des IT anzuwenden, um die Beschwerden zu lindern. Schlagen Sie ihm vor, sich das Meer vorzustellen, mit hohen Wellen, die sich langsam abschwächen, von rauher See über leichte Wellen bis hin zu einer glatten, ruhigen Wasseroberfläche. Erklären Sie ihm, daß sein Darm wie ein Meer ist: Wenn es sich vorstellen kann, wie er genauso ruhig wird, würde das seine Krämpfe verschwinden lassen.

In vielen Fällen hilft es auch gegen Schmerzen, wenn Sie die Symptome, die Ihr Kind verspürt, mit einer ähnlichen Vorstellung verknüpfen und es dann auffordern, an das Gegenteil zu denken. Im Fall von Kopfschmerzen hieße das, daß Ihr Kind sich sehr lauten Krach oder Musik vorstellt und sich dann darauf konzentriert, sie immer leiser werden zu lassen.

Bei Kindern, die unter Asthma leiden, kann eine erschwerte Atmung vielerlei Ursachen haben: Die Atemwege können durch Irritation (zum Beipiel Zigarettenrauch) verengt werden, aber auch Allergene (wie zum Beipiel Pollen), Infektionen (beispielsweise eine Erkältung) oder körperliche Anstrengung können die Auslöser sein. Wenn das Kind anfängt, schwer zu atmen, wird es davon nervös, was wiederum seine Atmung erschwert.

Bei diesen und anderen Beschwerden kann das IT helfen, den Teufelskreis aus Streß und Symptomen zu durchbrechen, und es dem Kind ermöglichen, nicht nur mit der Erkrankung, sondern auch mit ihrer Behandlung besser umzugehen. Für ein zuckerkrankes Kind ist vielleicht die tägliche Insulinspritze furchterregender als die Krankheit selbst.

Streß scheint eine desto größere Rolle zu spielen, je mehr soziale Kontakte das Kind hat, weil es dabei realisiert, daß es anders ist als die anderen. Es hat Angst, nicht dazuzugehören und durch sein Aussehen oder durch sein Verhalten aufzufallen. Sobald es alt genug ist, um eine derartige soziale »Unsicherheit« zu verkraften, ist es auch alt genug, um die physiologischen Zusammenhänge seiner Krankheit zu verstehen. Das IT kann ihm helfen, seinen Körper zu verstehen und sich wohler in ihm zu fühlen.

Asthma kann man einem Kind zum Beispiel so erklären: »Wenn deine Luftleitungen (oder Bronchialästchen) sich verengen, entsteht ein pfeifendes Geräusch. Ein Asthmaanfall geht schneller vorbei, wenn es gelingt, diese Leitungen wieder weiter zu machen.« Ein kleiner Asthmapatient namens Robert half sich selbst, indem er bei einem Anfall einen Fleck an der Wand, einen Gegenstand im Zimmer oder seinen Daumennagel fixierte und gleichzeitig an einen Ort dachte, den er sehr gern mochte, wie den Strand, an den er mit seiner Familie in den Ferien oft fuhr. Während er sich den Strand vorstellte, entspannte sich Robert immer mehr. Sobald er sich selbst an diesen angenehmen Ort »transportiert« hatte, malte er sich seine Luftwege als kleinen, verstopften Strohhalm aus. Dann stellte er sich vor, wie er den Strohhalm mit jedem Atemzug vergrößerte, bis er so groß wie ein Tunnel war. Es half ihm, dabei zwei Finger ganz nah zusammenzuhalten und ihren Abstand langsam zu vergrößern. Der Tunnel war schließlich so groß, daß Robert ihn selbst betreten und hindurchlaufen konnte.

Wann auch immer er ein Problem mit dem Atmen hatte, stellte Robert fest, daß er, wenn er seine Atmung verlangsamte, seine Luftwege weiter und weiter werden lassen konnte, so wie er den Strohhalm in einen Tunnel verwandelt hatte. Das war eine schnelle und einfache Methode, aber noch viel wichtiger war, daß Robert daran glaubte, daß sie funktionierte. Durch die Kraft seiner eigenen Phantasie hatte er das Gefühl, Kontrolle über seine Krankheit gewonnen zu haben.

Anstatt in Panik zu geraten, wenn er einen Asthmaanfall in der Schule oder auf dem Spielplatz hatte, wo seine Medizin nicht greifbar war, blieb er ruhig: Denn alles, was er tun mußte, war, sich eine Minute lang zu entspannen und sich auf die Vorstellung vom Öffnen seiner Atemwege zu konzentrieren. Und selbst wenn er seine Medikamente zur Hand hatte, war das eine gute Möglichkeit, um die Zeit zu überbrücken, bis sie wirkten. Weil er an das IT glaubte, war Robert auch begierig darauf, es anzuwenden, und tat das mit großem Erfolg. Seine Lebenseinstellung wandelte sich grundsätzlich: Statt sich vor vielen Aktivitäten zu fürchten, weil sie einen Anfall verursachen könnten, ging er mit der Neugier an sie heran, die jedes Kind haben sollte.

Melissa macht sich das IT bei ihrem schlimmen Ekzem zunutze. Sie hatte sich oft blutig gekratzt und wurde von ihrer Krankheit völlig in Anspruch genommen. Mit Hilfe ihrer Mutter lernte sie, sich zu entspannen, indem sie sich auf ein einzelnes Objekt konzentrierte – eine Wolke am Himmel, ein Kleidungsstück oder ein Lieblingsspielzeug – das ihr half, die Umgebung und mit ihr den Juckreiz auszublenden (normalerweise verwendete sie immer dasselbe Objekt). Außerdem war sie in der Lage, sich an ihren Lieblingsplatz zu wünschen, den sie »Omas Zaubergarten« nannte. Dort, stellte sie sich vor, würde ihre juckende Haut von einer angenehmen Brise gekühlt werden. Während Melissa sich entspannte, sprach ihre Mutter davon, wieviel besser sich ihre Haut schon anfühlte: »Der kühle Wind streicht über deinen Arm und nimmt das ganze Jucken mit. Die Kälte läßt deine Haut prickeln, sie wird taub und schläft ein.« Je länger Melissa den kühlen Hauch spürte, desto besser fühlte sie sich. Nach kurzer Zeit merkte sie, daß das Jucken vergangen war. Sie lernte, daß sie dieses Bild verwenden konnte, um das Jucken abzustellen, egal, wo sie gerade war, und ohne daß jemand etwas davon bemerkte.

Außer sich in ihrer Phantasie an einen angenehmeren Ort zu begeben, können Kinder auch mit dem Zauberhandschuh, der ihren Schmerz betäubt (siehe »Die Kunst der Ablenkung«) oder mit dem gegenteiligen Bild arbeiten – zum Beispiel mit dem Gedanken, daß ihre Haut so rauh ist wie Schmirgelpapier, und sie schrittweise glatter machen.

Sich an einen schöneren Ort zu flüchten ist etwas, das jedes Kind in Streßsituationen tun kann – egal, ob der Streß durch eine chronische Krankheit oder eine andere ernste Erkrankung ausgelöst wird. Um herauszufinden, was der Lieblingsplatz Ihres Kindes ist, müssen Sie es nur fragen: »Wenn du überall hingehen könntest, wo möchtest du dann am liebsten sein?« So gehen Sie sicher, daß Ihr Kind sich auf seinen aktuellen Lieblingsort konzentriert.

Wenn Kinder an immer wieder auftretenden Symptomen leiden, kann es sehr hilfreich sein, das IT in den Phasen dazwischen zu üben. So müssen sie es nicht lernen, wenn sie schon unter Streß stehen, und werden mit der Technik zu dem Zeitpunkt, wenn sie sie benötigen, schon vertraut sein. Es ist auch sinnvoll, Ihrem Kind zu sagen, daß es diese Methode nutzen kann, wann immer es Angst hat oder traurig über etwas ist.

Vielleicht lesen Sie noch einmal die IT-Techniken »Zauberhandschuh« und »Schmerzschalter im kleinen Finger« (im Kapitel »Die Kunst der Ablenkung«) nach.

Ablenkung durch Gegensätze

Helfen Sie Ihrem Kind dabei, seine Symptome einem Bild zuzuordnen. Wenn es sich dann vorstellt, wie dieses Bild sich in sein Gegenteil verwandelt, kann das helfen, die Beschwerden zu lindern. Probieren Sie die folgenden Gegensatzpaare aus:

laut und leise (Krach)
heiß und kalt (Lufthauch, Wasser)
schwarz und weiß
Wellen und Glätte (Meer)
stürmisch und windstill
groß und klein
hell und dunkel (Lichtfleck an der Wand)
eng und weit (Strohhalm, Röhre, Tunnel)
rauh und glatt (Stoff oder Schmirgelpapier)
schwer und leicht (von Blei zu Feder)
Regen und Sonne
naß und trocken

Ruhig Blut

Lösungen für besondere Probleme

Bisher haben wir nach Ursachen von und Lösungen für die häufigsten sozialen und körperlichen Ängste, die Kinder haben können, gesucht. In diesem Kapitel geht es um spezielle Situationen, die im Laufe der Kindheit vorkommen können. Obwohl jede von ihnen das Kind auf andere Weise herausfordert, werden Sie sehen, daß sich dieselben Grundkonzepte zum Umgang mit Angst immer wieder erfolgreich einsetzen lassen.

Ich möchte diesen Fällen vorausschicken, daß Sie einem Kind nicht jede negative Erfahrung ersparen können. Wenn sie eintreten, ist es wichtig, den Überblick zu behalten. Auf der einen Seite sollten Sie die Ängste Ihres Kindes nie herunterspielen; selbst wenn Sie das Erschrecken Ihres Sohnes vor dem Nikolaus lächerlich finden, sind diese Gefühle für ihn real und müssen verarbeitet werden. Machen Sie Ihr Kind dafür nie lächerlich, oder bestrafen Sie es auch nie dafür. Zu den schlimmsten emotionalen Gefechten kommt es, wenn tyrannische Eltern ihre Kinder gnadenlos drängen, sich mutig ihren Ängsten zu stellen, ohne elterliche Hilfe oder Verständnis. Widerstehen Sie der Versuchung, etwas zu problematisieren, das eigentlich nicht so schlimm ist. Wenn die Ängste Ihres Kindes für Sie unverständlich sind, wird es nichts nützen, aus Ärger und Enttäuschung einen emotionalen Wirbelsturm auszulösen. Konzentrieren Sie sich auf die wichtigen Dinge, und machen Sie das Zusammenleben nicht zu einem endlosen Gefecht oder Machtkampf.

Wenn Sie sich etwas ausgedacht haben, das Ihrem Kind Freude machen soll, und es nicht in erwarteter Weise reagiert, sollten Sie die Flexibilität haben, umzuschwenken, oder Sie sollten versuchen, die Situation mit Hilfe des IT ohne Konfrontation zu ändern. Denken Sie daran, daß die Basis der Angstbewältigung immer die Sicherheit ist, die aus dem Wissen resultiert, daß Sie da sind, um zu helfen.

Dem furchterregenden Nikolaus begegnen

Elena konnte es gar nicht erwarten, ihren zweijährigen Sohn Kim im Einkaufszentrum mit dem Nikolaus bekanntzumachen. Sie hatte schon den Platz auf dem Kaminsims bestimmt, wo sie das Foto, das dabei gemacht werden sollte, aufstellen würde. Aber zu Elenas großem Kummer fand Kim den Nikolaus furchterregend und weigerte sich, auch nur in seine Nähe zu gehen, ganz zu schweigen davon, auf seinem Schoß zu sitzen. Wie das?

Wir stellen uns den Nikolaus mit seinem runden, freundlichen Gesicht und der tiefen Stimme als sympathischen Großvatertyp vor. Aber überlegen Sie sich einmal, was ein kleines Kind sieht, wenn es ihm zum ersten Mal begegnet: einen seltsam angezogenen Fremden, dessen Gesicht von einem üppigen Bart verdächtig verhüllt wird – überwältigend, bedrohlich und vielleicht sogar furchterregend. Und dann wird auch noch erwartet, daß man sich auf seinen Schoß setzt! Natürlich kann und wird sich das Bild vom Nikolaus bei Ihrem Kind von Jahr zu Jahr ändern, bis er bei ihm die gleichen positiven Assoziationen auslöst wie bei uns Erwachsenen. Aber im Alter von zwei Jahren war Kim noch nicht in der Lage zu verbalisieren, was genau ihm am Nikolaus Angst machte.

Kinder im Vorschulalter zeigen manchen Personen gegenüber oft Ängste, die auf deren Kleidung oder ihrer ungewöhnlichen Erscheinung beruhen. Das Kind konzentriert sich häufig nicht auf die ganze Person, sondern ausschließlich auf ein besonderes Charakteristikum. Sie glauben vielleicht, es hätte Angst vor dem Nikolaus, dabei hat es einfach nur Angst vor dessen Bart. Denken Sie auch daran, daß Kinder dazu neigen, Dinge zu polarisieren – entweder ganz toll oder ganz schrecklich zu finden –, weil sie noch keinen großen Erfahrungsschatz haben, auf den sie zurückgreifen können. Elena verstand das, als es ihr erklärt wurde, aber sie wollte Kim trotzdem helfen, seine Angst möglichst schnell zu überwinden.

Das Wichtigste war, nichts zu erzwingen. Aus Kims Sicht bestand keine dringende Notwendigkeit, das Problem zu lösen; ein Foto mit dem Nikolaus ist für ihn wesentlich weniger wichtig als zum Beispiel sich daran zu gewöhnen, alleine zu schlafen. Aber es gab eine Möglichkeit, Kim noch vor Silvester seine Angst zu nehmen.

Elena begann mit einem Bezug zur Realität, indem sie Kim sagte: »Manchmal sieht ein Nikolaus zum Fürchten aus, aber der, zu dem wir gehen, nicht.« Mit Kims Onkel in der Rolle des Nikolaus, der zwar weder Bart noch rotes Kostüm trug, aber auch »Hohoho« machte, absolvierten Elena und Kim ein paar Probeläufe für die Begegnung mit dem Nikolaus im Einkaufszentrum. So ein Rollenspiel ist eine Form des IT, das die sympathische, angenehme Seite einer Person oder Situation hervorhebt. Elena probierte mit Kim, wie er zu dem Nikolaus Hallo sagen, auf seinem Schoß sitzen und sogar für das Foto lächeln würde, und mit ein wenig Übung begann Kim, seine Angst allmählich zu vergessen.

Als Elena und Kim wieder in das Einkaufszentrum fuhren, sah Elena die Sache viel gelassener. Mit Kim im Buggy gingen sie zuerst einkaufen, am Nikolaus vorbei, und sahen von der Seite aus zu, wie andere Kinder ihn begrüßten. Elena erinnerte Kim daran, daß der Nikolaus »Hohoho« machen konnte wie sein Onkel – was bei ihm jetzt eine positive Assoziation hervorrief. Am Ende ihres Ausflugs stand Kim an der Hand seiner Mutter neben dem Nikolaus und unterhielt sich mit ihm, während ein Foto gemacht wurde. Und als er später das Foto ansah, das seine Mutter aufgestellt hatte, gab er ihr zu verstehen, daß er gerne noch mal dorthin gehen und den Nikolaus treffen würde!

So seltsam das auch klingt, aber Kinder haben oft Angst vor jemandem oder etwas, das den Erwachsenen lustig vorkommt. Das kann der Nikolaus sein, ein Clown (denken Sie nur an die seltsame Kleidung und Frisur!), ein Messerwerfer (wie kann jemand in Ordnung sein, der mit Messern um sich wirft, wo Mama doch gesagt hat, wie gefährlich die sind?) oder ein Zauberer (Leute verschwinden zu lassen oder gar sie in der Mitte durchzuschneiden, kann ziemlich furchterregend sein!). Selbst die eigenen Eltern können mit einer Faschingsmaske schockierend wirken. Das Bekannte wird fremd, und das Kind hat keinen Bezugsrahmen, in den es diesen Eindruck stellen könnte.

Ein Spielzeug kann auch diese Wirkung haben. Eine Zweijährige, die ich kenne, brach in Tränen aus beim Anblick eines flauschigen, zwanzig Zentimeter großen Lämmchens, das batteriebetrieben laufen und »Mäh« sagen konnte. Sie floh vor dem Ding, selbst wenn es still war. Die Eltern mußten es schließlich verschenken, weil allein sein Anblick auf dem Kleiderschrank ihrer Eltern die Tochter in Panik versetzte. In diesem bestimmten Fall ließ das Mädchen nicht mit sich reden, und die Sache war ja auch zu unwichtig, um sich eingehend damit zu befassen.

Solche Reaktionen lassen sich nicht vorhersehen. Dieselbe Verkleidung oder dasselbe Spielzeug kann ein Kind amüsieren und einem anderen Angst einjagen, je nach Perspektive des Kindes und egal, ob rational oder irrational. Der Ansatz, wie man mit so etwas umgeht, ist immer derselbe: Sie können versuchen, die Furcht zu mildern oder abzubauen; wenn das nicht funktioniert, lassen Sie die Sache auf sich beruhen.

Wasserscheu

Jeden Sommer mietete die Familie der kleinen Rochelle für zwei Wochen ein Haus am Strand. Ihr Vater und die großen Brüder fischten immer ein bißchen, während ihre Mutter Rochelle am Strand Gesellschaft leistete. Obwohl sie die meiste Zeit am Strand verbrachten, zeigte Rochelle nicht die geringste Neigung, sich zu den anderen ins Wasser zu begeben. Als sie fünf Jahre alt war, überredete ihr Vater sie, es doch mal auszuprobieren und ein paar Meter weit ins Wasser zu waten. Er wollte gerade diesen Durchbruch bejubeln, als Rochelle von einer großen Welle umgerissen wurde. Unter Schluchzern verkündete sie, daß sie nie wieder einen Fuß ins Wasser setzen würde. Wieder zu Hause, fragten die Eltern um Rat, was sie vor einem geplanten Winterurlaub in der Karibik gegen diese Wasserscheu tun könnten.

Ich habe es immer als richtig empfunden, daß Kinder ein bißchen Angst vor dem Wasser haben. Ich habe meinen eigenen Kindern beigebracht, daß man darin viel Spaß haben kann, aber auch Respekt davor haben muß, weil es gefährlich sein kann. Rochelle hatte gerade das Gefahrenpotential erkannt. Als sie umgerissen wurde und einen Moment lang Panik empfand, bis ihr Vater sie wieder auf die Füße stellte, wurde das Wasser zu einer sehr realen Quelle der Bedrohung, und sie entwickelte eine übertriebene Angst vor allem, das sie mit Strand assoziierte, sogar Spielen im Sandkasten.

Rochelles Angst zu beseitigen, mußte auf der Vorstellung basieren: »Im Meer zu sein ist ein großer Spaß, aber wenn man klein ist, muß man immer einen Erwachsenen bei sich haben.« Wir benutzten dann das IT in einer Reihe von Übungen, um Rochelles größtenteils irrationale Angst vor Wasser zu besänftigen. Sie fanden in offensichtlich sicherem Gelände zunächst auf dem Trockenen statt, und Rochelle sollte sich vorstellen, wie sie in der Badewanne oder im Planschbecken saß, das im Garten stand. »Mach die Augen zu und stell dir vor, du sitzt in der Badewanne. Beweg mal deine Zehen im Wasser. Kannst du mit den Händen spritzen? Das macht Spaß, oder? Jetzt stell dir vor, du wärst in unserem Planschbecken. Siehst du dein Wasserspielzeug? Kannst du so tun, als würdest du deinen Eimer mit Wasser vollmachen und es über deine Füße gießen?«

Von diesen bekannten und sicheren Situationen im Wasser ausgehend, sollte Rochelle sich vorstellen, in einem kleinen, absolut sicheren Boot zu sitzen: »Du kannst das Wasser unter dir spüren, und das Boot schaukelt ein bißchen, aber du bist ganz sicher, wenn du dich mit den Händen an den Seiten festhältst. Der Anker liegt im Wasser, und das Boot kann nirgends hinschwimmen. Du kannst, solange du willst, darin sitzen bleiben und dir die Wolken anschauen.« Sobald Rochelle sich in diesem Szenario sicher fühlte, sollte sie sich vorstellen, das Boot würde sich ein bißchen bewegen, aber nur ein klein wenig, denn es war mit einem starken Tau am Steg festgemacht.

Sie begann dann auch, sich außerhalb des Boots sicher zu fühlen: »Stell dir jetzt mal vor, daß du neben dem Boot stehst. Nur deine Füße und Knöchel sind im Wasser, und es fühlt sich angenehm warm an. Du hältst die Hand deines Vaters, und ihr macht einen kleinen Spaziergang. Ihr geht ein bißchen tiefer hinein und noch ein bißchen tiefer. Je weiter ihr geht, desto angenehmer fühlt sich das Wasser an und desto entspannter bist du. Stell dir vor, daß du jedesmal, wenn du Luft holst, deine Brust wie einen großen Schwimmring aufbläst.« Während dieser Imagination wurden die Fortschritte von Bestärkungen des Sicherheitsaspekts begleitet, wie zum Beispiel: »Solange dein Gesicht über dem Wasser ist, kann es dir nichts tun.«

Nach ein paar praktischen Übungen zeigten die Eltern Rochelle die Reiseprospekte für den bevorstehenden Urlaub, und Rochelles Vorfreude begann zu wachsen. Sie fing an zu fragen, ob ihr Vater jeden Tag mit ihr ins Wasser gehen würde. Und als sie die Übungsmethoden durchgingen, fing Rochelle an, das Meer immer genauer zu beschreiben. Es wurde zu dem Meer aus dem Prospekt – eine ausgezeichnete Brücke in die Realität. In den ersten Ferientagen hatte Rochelle zunächst noch etwas Hemmungen, als sie ihre große Zehe ins karibische Meer tauchte, aber ihr Vater half ihr mit gutem Zureden darüber hinweg, während sie die gleichen Fortschritte machte wie in ihren Übungen mit dem IT. Ihre Eltern hüteten sich, sie zu sehr zu drängen. Sie zwangen sie nicht zu Schritten, für die sie noch nicht bereit war, wie alleine hinauszuwaten. Die Belohnung für alle Beteiligten war, daß Rochelle, ermutigt durch die positiven Erfahrungen mit ihrem Vater, bald anfing, von Schwimmunterricht zu reden, den sie noch vor den Sommerferien besuchen wollte.

Laufen auf dickem Eis

Vor ein paar Jahren kauften Wendys Eltern ihr zu ihrem sechsten Geburtstag ein Paar Schlittschuhe. Leider schaute sich die Familie ungefähr um diese Zeit eine Eiskunstlaufmeisterschaft im Fernsehen an und sah dabei ein paar schlimme Stürze. Ein Eisläufer wurde in Nahaufnahme mit schmerzverzerrtem Gesicht nach seiner Kür gezeigt. Wendy beschloß auf der Stelle, ihre neuen Schlittschuhe nie und nimmer auch nur auszuprobieren, selbst wenn alle sich auf den Kopf stellten. Die Schuhe blieben in ihrem Kleiderschrank liegen, bis sie aus ihnen herausgewachsen war.

Mit acht Jahren wurde Wendy zur Geburtstagsparty einer Freundin eingeladen, die auf einem Eislaufplatz stattfinden sollte, mit Leihschuhen, Unterricht und allem Drum und Dran. Ihre Eltern waren sich sicher, daß Wendy es zumindest mal ausprobieren würde, aber die Erinnerung an den verletzten Eiskunstläufer war noch so lebendig, daß sie beschloß, gar nicht auf diese Party zu gehen. Aus Furcht, daß Wendys Angst so schlimm werden könnte, daß sie vor jeglicher sportlichen Aktivität zurückschrecken würde, die nur das geringste Risiko beinhaltete, wandten sich ihre Eltern an mich.

Als ich hörte, daß sie immer wieder versucht hatten, ihre Tochter zu überreden, war offensichtlich, daß sie dadurch

Wendys Ängste nur noch verstärkt hatten. Sie gaben zu, daß sie zunächst über ihre Befürchtungen gelacht und gesagt hatten, sie benähme sich wie ein Baby. Ja, sie hatten fast verlangt, daß sie sich ihrer Angst stellte, weil Wendy ihrer Meinung nach in einem Alter war, in dem Mädchen Eislaufen lernen sollten.

Eine neue, sanftere Strategie mit Hilfe des IT sollte Wendy helfen, ihre Angst vor dem Hinfallen zu überwinden. Ihre Eltern schlugen ihr dazu folgendes vor: »Stell dir vor, wie du deine Schlittschuhe zubindest und sie dabei ganz fest verknotest. Jetzt stell dir die zwei Kufen vor; schau mal, wie sie breiter und breiter werden, fast wie eine Plattform, auf der du stehen kannst. Sie halten dich ganz stabil und helfen dir, übers Eis zu gleiten.« Als nächstes stellte sich Wendy vor, wie sie selbst mühelos übers Eis lief.

Das ist die gleiche Art von Visualisierung, wie Profisportler sie verwenden: Sie stellen sich vor, wie sie fehlerlos auftreten, um Selbstvertrauen zu gewinnen, hinauszugehen und es tatsächlich genauso zu machen. Während andere Imaginations-Techniken auf Ablenkung basieren, funktioniert es in diesem Fall am besten, wenn Wendy sich auf ihre eigene Leistung konzentriert, sich selbst dabei »beobachtet«, wie sie alle Bewegungen perfekt ausführt.

Um sie vor der unvermeidlichen Unsicherheit zu bewahren, die auftreten würde, wenn sie ihre ersten Versuche auf der Party ihrer Freundin machen würde, schlugen ihre Eltern vor, mit ihr zu einer Probestunde vorab auf den Eislaufplatz zu gehen. Obwohl sie beide leidenschaftliche Eisläufer waren und Wendy problemlos die ersten Schritte hätten beibringen können, war es sicher eine bessere Idee, ihr die erste Stunde von einem Eislauflehrer geben zu lassen. Wendy ließ noch einmal die Visualisierung vor ihrem inneren Auge ablaufen, während sie sich die Schuhe anzog. Und sie wußte, daß sie sie jedesmal wieder ablaufen lassen konnte, wenn sie hinfiel. Ein paar Wochen danach waren nun Wendys Eltern beunruhigt, als sie begann, Sprünge zu versuchen, die sie im Fernsehen gesehen hatte!

Diese Art von IT wendet man an, um eine Vielzahl von Ängsten im Sport zu überwinden, von Einzelleistungen wie Radfahren oder Skifahren bis hin zu Mannschaftsspielen wie Basektball oder Fußball.

Helden im Krankenhaus

Aufgrund häufiger Mandelinfektionen sollten Florians Mandeln herausgenommen werden. Man traf die nötigen Vorbereitungen für einen Krankenhausaufenthalt in der folgenden Woche, aber es bereitete Florians Mutter großes Kopfzerbrechen, wie sie ihn auf die bevorstehende Operation vorbereiten sollte.

Egal was Sie Ihrem Kind sagen, tun Sie es nicht zu früh. Ihr Kind Wochen oder auch nur Tage im voraus vorzubereiten, kann seine Angst bis zu dem eigentlichen Termin ins Unermeßliche steigern, insbesondere wenn auch Ihre Angst mit jedem Tag wächst.

Wenn Sie Ihrem Kind von einer Operation und dem damit verbundenen Krankenhausaufenthalt erzählen, sollten Sie sich die Zeit nehmen, die Umgebung so genau wie möglich zu beschreiben. IT kann hilfreich sein, aber seien Sie besonders bei kleineren Kindern vorsichtig. Wenn Sie sich, was die genauen Abläufe im Krankenhaus angeht, nicht sicher sind und etwas Unvorhergesehenes passiert, wird sich ein

Kind mit Sicherheit auf diese eine Sache konzentrieren, die nicht so war, wie Sie sie beschrieben haben, und das ganze Gebäude, das Sie so bedachtsam aufgebaut haben, wird in sich zusammenbrechen.

Gehen Sie also nur bei den Dingen ins Detail, auf die Sie auch Einfluß haben, und geben Sie über den Rest allgemeinere Auskünfte. Natürlich können Sie um so genauer sein, je mehr Informationen Sie vorab von Ihrem Kinderarzt oder dem Krankenhauspersonal bekommen. Beruhigen Sie Ihr Kind nur dann mit »Mama wird bei dir sein, bis es losgeht«, wenn das auch wirklich der Fall sein wird.

Wenn das Krankenhauspersonal stur nach Vorschrift handelt und nur wenig auf Ihr Kind eingeht, sollten Sie immer ein Auge darauf haben, was angst machen könnte, und denken Sie nicht, daß Ihnen die Hände gebunden sind, wenn Sie sich gegen unsinnige Vorschriften wehren wollen. Die meisten Menschen fühlen sich in einem Krankenhaus ziemlich hilflos, aber es ist wichtig, daß Sie sich zu Wort melden, wenn Sie das Gefühl haben, daß etwas passiert, das Ihrem Kind unnötig angst macht. Ich erzähle Eltern oft die Geschichte von Peter, einem meiner kleinen Patienten, der wegen eines Routineeingriffs ins Krankenhaus mußte.

Obwohl seine Eltern ihm einen Tag vorher alles genau erklärt hatten und er genau verstanden zu haben schien, was vor sich gehen würde, und nicht beunruhigt wirkte, drehte er kurz vor der Operation, als er schon auf der OP-Liege lag, völlig durch. Er geriet außer sich, als die Pfleger, die ihn in den Operationssaal schieben wollten, ihn zwangen, seine Unterhose auszuziehen – wegen irgendeiner archaischen Krankenhausvorschrift. In Wirklichkeit hatte aber das Anlassen oder Ausziehen der Unterwäsche keinerlei Einfluß auf das Gelingen der Operation. Zum Glück konnte die Situation durch den herbeigerufenen Arzt geklärt werden, der Peter erlaubte, seine Unterhose wieder anzuziehen. Peters Verhalten änderte sich augenblicklich, und die Prozedur ging problemlos vonstatten. Und die Moral von der Geschichte? Wenn es etwas gibt, das Ihr Kind sehr aufregt, für den Erfolg der Behandlung aber unerheblich ist, ergreifen Sie die Partei Ihres Kindes!

Nach jeder Art von Operation wird Ihr Kind zweifellos gewisse Schmerzen haben. Um Florian über die Schmerzen hinwegzuhelfen, die er nach seiner Mandeloperation einen oder zwei Tage lang haben würde, wandten seine Eltern einen Trick an, den auch Psychologen benutzen. Er visualisierte den Schmerz als großen, glühenden Feuerball. Seine Mutter half ihm, ihn zu »sehen«, indem sie ihn aufforderte, an die Wand seines Zimmers zu starren, und seine Imagination steuerte: »Kannst du ihn sehen? Er ist etwa so groß wie ein Wasserball, rund und rot. Versuch jetzt mal, ihn in deiner Vorstellung schrumpfen zu lassen. Er wird kleiner und kleiner, und auch seine Farbe verändert sich. Er wird dunkler und dunkler. Schau mal, wie er sich allmählich dunkelblau färbt, so blau wie das Meer oder der Himmel. Und er wird immer kleiner, bis er nur noch ein Punkt ist. Und dabei spürst du, wie die Schmerzen auch immer weniger werden, bis du sie kaum noch spürst.« Wenn Sie eine Lampe mit Dimmer besitzen, können Sie sie als visuelle Hilfe einsetzen, die Ihre Aussage veranschaulicht.

Mit Hilfe seiner eigenen Vorstellungskraft konnte Florian seine Schmerzempfindung von einem Wasserball in einen kleinen Punkt verwandeln. Der Punkt steht für den Schmerz, der zwar noch da ist, aber eben viel, viel schwächer. Die Methode funktioniert, indem man dem Schmerz zunächst eine beeindruckende Größe zuweist und ihn dann auf etwas Erträgliches reduziert. Wir können dem Kind nicht vormachen, daß alles Unbehagen auf einen Schlag verschwinden wird, aber es wird mit Sicherheit unter Kontrolle gebracht – unter Florians Kontrolle in diesem Fall. Bei einem Telefonanruf am nächsten Tag war Florian in guter Stimmung und aß gerade eine große Portion Eis – ein sehr nützliches Hilfsmittel, um diesen roten Feuerball zu kühlen!

Mit dem Tod umgehen

Der achtjährige Max hatte eine außergewöhnlich enge Beziehung zu seiner Oma. Seine Eltern waren beide berufstätig, und seine Oma hatte sich tagsüber um ihn gekümmert, solange er denken konnte. Eines Tages erlitt sie völlig unerwartet einen Herzinfarkt und starb. Weil Max schon vorher das IT benutzt hatte, um seine Angst vor der Tafel abzubauen, fragte mich sein Vater, ob es da nicht auch irgendein Bild für den Umgang mit Trauer über den Tod eines nahen Familienmitglieds gäbe.

Es ist im allgemeinen das Beste, wenn Eltern ihrem Kind sagen, was sie selbst über den Tod denken, und nicht irgendeine Geschichte dazu erfinden. Aber je jünger das Kind, desto kürzer sollte die Erklärung sein. Meiden Sie Aussagen wie »Die Oma schläft jetzt ganz lange« oder »Sie ist eingeschlafen und wacht nicht mehr auf«. Solche Erklärungen machen dem Kind den Tod nicht besser verständlich, sondern können es traumatisieren und eine Situation heraufbeschwören, in der das Kind Angst hat, schlafen zu gehen, weil es fürchtet, nicht wieder aufzuwachen.

Wenn Sie sich für eine Erklärung entschieden haben, können Sie ihr folgendes vorausschicken: »Niemand weiß wirklich genau, was passiert, wenn wir sterben, aber Mama und Papa glauben, daß ...« Das wird helfen, Verwirrung zu vermeiden, falls jemand anderer dem Kind eine andere Version erzählt. Während Sie ihm Ihre Ansichten schildern und ausführen, teilen Sie Ihre persönlichen Bilder und Vorstellungen, egal, ob sie religiös sind oder nicht, mit Ihrem Kind. Viele Religionen verwenden eindrucksvolle Bilder dafür und bieten deshalb gute Anregungen, etwa die christliche Bilderwelt mit Engeln und dem Paradies. Das kann dem Kind bei seiner Trauer helfen.

Bedenken Sie jedoch, daß bestimmte Bilder, die Sie ansprechen oder beruhigen, von Ihrem Kind anders oder vielleicht auch gar nicht verstanden werden. Wie bei jeder Form der Imagination ist es auch hier sinnvoll, das Kind ein Bild von seiner Vorstellung zeichnen zu lassen. Sie können das Gespräch in Gang bringen, indem Sie es auffordern, Ihnen seine Version vom Sterben zu erzählen. Beginnen Sie zum Beispiel so: »Du weißt ja, daß Oma ein ganz besonderer Mensch war, und als sie gestorben ist, ist sie an einen ganz besonderen Ort gekommen. Was glaubst du, wie es dort aussieht?« Das gibt Ihrem Kind die Möglichkeit, Sie zu der Art von Bildern zu führen, die es als am angenehmsten empfindet. Sie können diesen Ort dann ausschmücken und ihn zum schönsten machen, den Sie beide sich vorstellen können.

Einem kleineren Kind können Sie helfen, indem Sie sagen: »Ich möchte, daß du dir vorstellst, über eine ganz besondere Treppe zu gehen, die zu einem ganz besonderen Ort führt. Was glaubst du, wie es dort aussieht, und wo glaubst du, daß das ist?« Lassen Sie Ihr Kind entscheiden, ob diese Treppe nach oben oder nach unten führt; nach meiner Erfahrung sind es etwa gleich viele Kinder, die Angst vor aufwärts beziehungsweise vor abwärts führenden Treppen haben. Manche haben Höhenangst, während andere sich gruseln bei der Vorstellung, in eine Art Keller, womöglich mit allerlei unheimlichem Getier, hinabsteigen zu müssen. Sie wollen ja nicht die falsche Richtung vorgeben, und wenn Sie fragen, werden Sie automatisch die richtige Antwort bekommen.

Themen und Träume

Ideen und Vorschläge für das Imaginations-Training

Inzwischen haben Sie eine Reihe von Strategien und Techniken kennengelernt, die Kindern helfen, mit Ängsten fertig zu werden. In unserer heutigen Zeit Kind zu sein ist oft schwierig genug. Welche Eltern können da nicht ein paar Tips gebrauchen, um ihrem Kind das Leben etwas leichter zu machen? Techniken für das Imaginations-Training, Themen, Träume und Szenarien sind über das ganze Buch verteilt, aber in diesem Kapitel finden Sie gezielte Vorschläge, aus denen Sie genau das richtige Bild kreieren können.

Eine Szenerie schaffen

Den meisten Kindern fällt es leicht, in eine Phantasiewelt einzutauchen; oft schaffen sie sich die ganz alleine, und sie entwickelt sich zu ihrem Lieblingsspiel. Das IT macht sich ihre schöpferischen Fähigkeiten zunutze und kanalisiert sie, um Kindern zu helfen, mit Problemen fertig zu werden. Sich in einer Streßsituation mit Hilfe der Vorstellungskraft an einen märchenhaften Ort zu versetzen kann jedes Kind im wahrsten Sinne des Wortes weit fort von seinen Ängsten bringen.

Das Spektrum der Aktivitäten, die es dabei ausprobieren und entwickeln kann, ist nur durch seine und Ihre Phantasie begrenzt. Ich habe schon oft auf den positiven Nebeneffekt hingewiesen, den es hat, wenn Sie Ihr Kind Themen vorschlagen lassen, die ihm gefallen. Es kann sich die Szenerie dann leichter vorstellen und hat auch mehr Spaß daran – deshalb ist die Übung so auch wirkungsvoller. Und natürlich können Sie die Themen, die am besten funktionieren, immer wieder verwenden.

Manche Kinder tun sich am leichtesten, wenn sie sich zunächst auf ein Objekt oder ein Geräusch konzentrieren, um ihre Umgebung auszublenden. Andere stürzen sich lieber direkt in die Phantasievorstellung. Um Ihr Kind dazu zu bringen, mit dem Ausmalen der Szenerie zu beginnen, können Sie zum Beispiel folgendes sagen: »Stell dir einen wunderschönen Ort vor, an dem du schon einmal warst oder wo du gerne mal hin möchtest. Sieh und spüre dich an einem Ort, der dir gefällt, wo es keine Probleme gibt. Merkst du, wie schön es ist, an so einem Ort zu sein? Du kannst wahrscheinlich schon spüren, wie gut das tut.«

Es sind nicht nur visuelle Eindrücke beteiligt, wenn Ihr Kind sich auf so eine Phantasiereise begibt, sondern auch Geräusche, Gerüche und Bewegungen. Diese Details machen die Erfahrung lebendiger. Versuchen Sie, auf alle Einzelheiten der Umgebung einzugehen, in die Sie Ihr Kind versetzen wollen. Je mehr das sind, desto stärker wird es sich davon einnehmen lassen. Die wirkungsvollsten Tagträume entstehen, wenn Kind und Eltern die Szenerie und das, was darin passiert, den individuellen Interessen, Erfahrungen und Charaktereigenschaften des Kindes anpassen können.

Manche Eltern machen sich Sorgen, daß sie nicht kreativ genug sind, um sich glaubwürdige oder interessante Szenen auszudenken. Andere befürchten, daß sie unter Druck oder in einer Notsituation zu gestreßt sein könnten, um ihr Kind abzulenken. Machen Sie sich aber klar, daß die Ablenkung, mit der Sie Ihrem Kind zu helfen versuchen, auch Ihnen selbst hilft, sich zu beruhigen.

Ich habe die Erfahrung gemacht, daß sich viel zu viele Eltern Sorgen machen, daß ihnen die Anwendung des IT nicht gelingen könnte. Obwohl ihre Befürchtungen unnötig sind, möchte ich Ihnen im folgenden die beliebtesten Orte, Fahrzeuge, Spiele und Freunde vorstellen. Sie können Sie so, wie sie sind, übernehmen oder auch nur als Anregung nutzen. Das Wichtigste ist, daß Sie Farben, Formen, Gerüche und Geräusche beschreiben, so daß Ihr Kind sich die Umgebung mit allen Sinnen vorstellen kann, und dann fordern Sie es zum Mitmachen auf.

Lieblingsorte

Ein Paradiesgarten

Bausteine: ein warmer, sonniger Tag; Lieblingsblumen in besonderen Farben; tolle Düfte; Vogelzwitschern und Bienensummen; ein ruhiger See; ein leichter Wind; Schatten unter Bäumen; eine Decke zum Draufsetzen.

Aktivitäten: picknicken; Blumen pflücken; in der Sonne dösen; Kaulquappen aus dem Teich fischen; bunte Blätter sammeln; einer Spinne zusehen, die ihr Netz spinnt.

Karneval, ein Freizeitpark oder ein Volksfest

Bausteine: Achterbahn und Karussells; verkleidete Leute; bunte Lichter; klingelnde Glocken; bunte Zelte; Buden, bei denen man etwas gewinnen kann; Kirmesmusik; Lachen; der Geruch von Bratwurst und Zuckerwatte.

Aktivitäten: Karussell fahren; Pony reiten; Tiere streicheln; Lieblingsspeisen essen; bei einer Wurfbude einen Preis gewinnen; einer Vorstellung zuschauen; lachen, während man durch ein Spiegelkabinett geht.

Am Strand

Bausteine: der Anblick und das Geräusch brechender Wellen; blauer Himmel, heiße Sonne und kleine, vorüberziehende Wolken; Möwen in der Luft; Sand, Strandkörbe und Sonnenschirme; ein Lieblingshandtuch und Badesachen; Sandspielzeug und Sonnenbrille; vorbeifahrende Segelboote; Leute, die schwimmen oder fröhlichen Lärm machen; ein salziger Geschmack auf den Lippen; die Strandpromenade; die Rettungsschwimmerstation.

Aktivitäten: in die Wellen laufen; Muscheln suchen; Frisbee spielen; picknicken; Radio hören; ein Mittagsschläfchen halten; am Strand entlangspazieren; Sandburgen bauen; Papas Beine im Sand vergraben; sich auf einer Luftmatratze treiben lassen; auf der Mole fischen; ein tiefes Loch graben; eine Krabbe fangen.

Ein Piratenschiff

Bausteine: ein dreimastiges Segelschiff mit der Piratenflagge und geblähten Segeln; Piraten mit Augenklappen und gestreiften T-Shirts; der Kapitän mit Holzbein und einem Papagei auf der Schulter; ein Ausguck an der Mastspitze; eine glänzende Kanone; eine Schatztruhe voller Juwelen; eine geheimnisvolle Schatzkarte; das Knarzen und Schaukeln des Schiffes; der gesetzte Anker; die salzige Seeluft; Delphine, die am Schiff vorbeischwimmen.

Aktivitäten: eine Insel entdecken und dann erforschen; die Segel setzen; das Schiff steuern; die Kanone auf ein feindliches Schiff abfeuern; ein Säbelduell an Bord; fischen; die geheimnisvollen Zeichen auf der Schatzkarte entschlüsseln; nach der Schatztruhe graben, die Beute finden und aufteilen.

Im Sportstadion

Bausteine: Reihen bunter Sitze; eine begeisterte Menge; Sportler (wählen Sie eine Sportart) in Trikots, die sich aufwärmen; Verkäufer mit Bauchläden; die leuchtende Anzeigetafel; Musik und Klatschen, Rufe, Ansagen des Stadionsprechers; der Geruch von Popcorn und Pommes frites.

Aktivitäten: eine Bratwurstsemmel essen, während man seinem Favoriten zujubelt; selbst einer der Sportler sein; ein Tor schießen oder als Torwart den Ball halten; das Spiel oder eine Medaille gewinnen; sich mit berühmten Sportlern unterhalten; die eigene Familie unter den Zuschauern entdecken; fürs Fernsehen interviewt werden.

Im Theater

Bausteine: das Foyer; die Bühne; das Parkett mit den Sitzreihen, der Rang, die Logen und Balkone; glitzernde Kronleuchter; ein Orchester, das sich gerade einstimmt; elegant angezogene Leute, die ihre Plätze einnehmen; Platzanweiser, die Programme verkaufen; der sich hebende Vorhang; farbige Scheinwerfer; Schauspieler oder Tänzer in prachtvollen, glitzernden Kostümen; Gesang und Tanz.

Aktivitäten: einer Aufführung des Lieblingsstücks oder eines Lieblingskünstlers zusehen (›Hänsel und Gretel‹, ›Schwanensee‹, Spice Girls, Zirkus Roncalli o.ä.); bei der Aufführung mitmachen – singen, tanzen, schauspielern, ein Instrument spielen, bei einer Popband mitspielen, Zaubertricks vormachen, Witze oder Geschichten erzählen; ein besonderes Kostüm und Make-up tragen; bei einem Marionettentheater mitspielen; Kunststücke mit dem eigenen Haustier vorführen.

Ein Feiertag oder eine Party

Bausteine: Verwandte und/oder Freunde; ein mit Ballons, Luftschlangen und Girlanden geschmücktes Zimmer; ein Tisch voller aufregend verpackter Geschenke; eine wunderschön verzierte Torte; Schüsseln voller Lieblingsspeisen und Süßigkeiten.

Aktivitäten: beim Auftritt eines Clowns oder Zauberers zuschauen; Geschenke auspacken; Lieder singen; Lieblingsspeisen essen; Partyspiele machen.

Ein paar andere Abenteuer, die die Phantasie eines Kindes anregen können, sind ein Zoobesuch, eine Tierschau, ein Dinosaurierpark, ein Zirkusbesuch, eine Fahrt in einem Raumschiff oder einem U-Boot, eine Safari, Camping, in einem Schloß oder unter Wasser leben, in einem Heißluftballon fahren oder auf einer Wolke fliegen. Wenn Sie sehen, daß Ihr Kind von einem bestimmten Ort oder Abenteuern in einem Film oder Buch besonders angetan ist, merken Sie sich die Einzelheiten. Probieren Sie die Szene bei nächster Gelegenheit aus, und haben Sie keine Hemmungen, auch mal etwas Neues zu versuchen.

Traumvehikel

Fahrzeuge innerhalb einer Imagination helfen oft, ein Kind an einen schöneren Ort oder in eine angenehmere Zeit zu versetzen. All diesen »Vehikeln« ist gemein, daß sie mit einem eingebauten Kontrollmechanismus ausgestattet sind, der Ihrem Kind erlaubt, zu entscheiden, wann und wie es wohin will. Beginnen Sie mit der Vorstellung eines existierenden und vertrauten Gefährts (Auto, Zug, Flugzeug), und verändern Sie es, um es der Kontrolle Ihres Kindes zu unterstellen. Um herauszufinden, welches Transportmittel Ihr Kind bevorzugt, stellen Sie ihm einfach die folgende Frage: »Womit würdest du am liebsten fahren? ... Tolle Idee! Jetzt mach es dir bequem, und stell dir vor, daß du da gerade drinsitzt. Denk dran, daß du es unter Kontrolle hast ... Du kannst hinfahren, wohin du willst, so schnell oder langsam, wie du möchtest. Wenn du am Ziel angekommen bist, verringerst du einfach die Geschwindigkeit und kommst ganz sanft an.« Verstärken Sie das Bild, indem Sie sich erzählen lassen, was während der Reise alles draußen vorbeizieht. Ihr Kind kann auch Abstecher machen, um sich etwas anzusehen, das es schon immer mal kennenlernen wollte, oder Freunde mitnehmen, damit es mehr Spaß macht.

Lieblingsfahrzeuge

Flugzeug

Kontrollmechanismus: das Armaturenbrett des Piloten, das über Geschwindigkeit und Richtung entscheidet. (Eine zusätzliche Möglichkeit ist ein Spezialfallschirm, der dem Kind erlaubt, sanft zu landen, wo es will.)

Schiff

Kontrollmechanismus: Überlassen Sie Ihrem Kind die gesamte Kontrolle, indem Sie es ans Ruder oder Steuer stellen. Ein Druck auf einen Spezialknopf genügt, um den Anker zu werfen.

Auto

Kontrollmechanismus: Ein Zauberschlüssel läßt das Auto anspringen und das Lenkrad in die Hand Ihres Kindes gleiten. Die Bremsen reagieren immer und an jedem beliebigen Ziel der Reise.

Fliegender Teppich

Kontrollmechanismus: Wie bei Aladin hört er auf die Stimme des Kindes, was Flughöhe, Geschwindigkeit und Ziel angeht. Auf ein Zauberwort hin wird sanft gelandet.

Fahrrad

Kontrollmechanismus: Wenn Ihr Kind, während es in die Pedale tritt, den Lenker nach oben zieht, steigt das Fahrrad in die Lüfte. Wenn es bremst, wird gelandet.

Diese Fahrzeuge bringen Ihr Kind so weit, wie seine Phantasie es erlaubt. Überlassen Sie es ihm, zu bestimmen, wie exotisch sein Transportmittel sein soll, egal, ob Inline-Skates, Skateboard, ein Araberhengst, ein Elefant oder ein Kamel.

Spiele als Rettungsinseln

Ablenkung eignet sich wunderbar, um die Aufmerksamkeit eines Kindes von etwas Unangenehmem auf etwas Erfreuliches zu lenken. Ablenkungsmanöver wie Seifenblasen oder ein spannendes Bilderbuch funktionieren bei kleinen Kindern meist hervorragend. Das heißt aber nicht, daß Ablenkung nur etwas für Kleine wäre, die Methoden müssen nur der Entwicklung des Kindes angepaßt sein.

Die folgenden Spiele verlangen eher Konzentration als eine ausgeprägte Vorstellungsgabe. Sie sind einfach, direkt und lenken sehr gut ab. Wenn Ihr Kind besondere Interessen hat, können Sie die folgenden Vorschläge entsprechend abwandeln:

Ablenkungsaktivitäten

Rechenspiele

Einfache Übungen sind vorwärts und rückwärts zählen, multiplizieren (zwei mal zwei mal zwei ...) oder addieren (zwei plus zwei plus zwei ...) oder auch das Zählen von Blumen auf der Tapete, Fliesen auf dem Boden, Streifen auf dem Teppich ...

Buchstabenspiele

Lassen Sie Ihr Kind die Namen all seiner Verwandten oder Freunde buchstabieren oder die Namen aller Spieler seiner Lieblingsmannschaft oder die Namen der Mannschaften seiner Lieblingssportart oder die Namen aller Tiere, die es kennt. Sie können sich auch alle Bundesländer aufzählen und buchstabieren lassen, alles, was Sie im Kühlschrank haben, oder alle Spielsachen im Schrank.

Ratespiele

Geben Sie Ihrem Kind die Beschreibung einer bekannten Person, eines Spielzeugs oder Tiers, und lassen Sie es raten, wen oder was Sie gemeint haben. Sehr empfehlenswert ist auch das bekannte Ich-sehe-was-was-du-nicht-Siehst.

Rückwärts buchstabieren

Wenn Ihr Kind schon gut buchstabieren kann, geben Sie ihm ein Wort vor, das es von rückwärts buchstabieren soll.

Zu zweit geht vieles leichter

Der unsichtbare Freund ist eine Art Patentrezept bei zahllosen Ängsten. Sie müssen sich jedoch nicht auf Superman oder ähnliche Heldengestalten beschränken. Jede Figur, die gerade allseits hoch im Kurs steht, kann Ihr Kind beschützen und läßt sich für Ihre Zwecke nutzen. Wenn Ihr Kind von dieser Gestalt ohnehin schon träumt und phantasiert, ist es ganz leicht, sie als aktive Figur in Tagträume einzubauen. Es ist auch möglich, sie als Vorbild zu verwenden, das ein bestimmtes Verhalten zeigt, mit dem Ihr Kind sich auch gerade auseinandersetzen muß.

Wenn Sie je ein Kind gesehen haben, das gebannt vor einem Fernseher sitzt, können Sie sich leicht vorstellen, wie einfach und schnell Kinder in das Geschehen dort eintauchen. Beliebte Geschichten oder Filme werden oft viele Male nachgespielt, entweder von dem Kind selbst als Darsteller oder mit Puppen und Spielzeugfiguren. Deshalb funktioniert die Methode mit dem unsichtbaren Freund auch unter Streß so gut. Wenn Sie, was die aktuellen Helden angeht, nicht ganz auf dem Laufenden sind, fragen Sie ein paar Kinder – sie nennen Ihnen sicher ohne Schwierigkeiten ein Dutzend.

Während manche Figuren in geradezu erschreckendem Tempo kommen und gehen, gibt es ein paar, die Generationen überdauert haben. Manche kommen aus dem Fernsehen, andere aus beliebten Filmen und einige aus Comics oder Büchern. Um den idealen unsichtbaren Freund zu finden, fragen Sie Ihr Kind nach seinen Lieblingsgestalten aus Geschichten, die es gut kennt. Ein Schulkind können Sie auch fragen: »Gibt es eine berühmte Persönlichkeit, von der du in der Schule gehört hast, die du gern sein möchtest?« In der folgenden Liste finden Sie ein paar Helden, die schon viele Trends überstanden haben, sowie einige Newcomer.

Unsichtbare Freunde: bekannte Heldinnen und Helden

Aladin
Asterix und Obelix
Babar
Batman und Robin
Benjamin Blümchen
Bibi Blocksberg
Biene Maja
Bussibär
Charlie Brown und Snoopy
Das kleine Gespenst
Die kleine Hexe
Die kleine Meerjungfrau
Emil (und die Detektive)
Ernie und Bert oder andere Figuren aus der Sesamstraße
Garfield
Herkules
Jim Knopf und Lukas, der Lokomotivführer
Käpt'n Blaubär
Kleiner Bär und kleiner Tiger
Die Maus

Micky Maus und Goofy
Ninja Turtles
Peter Hase
Pipi Langstrumpf
Pumuckl
Simba, der König der Löwen
Superman
Tom und Jerry

Epilog: Den Anfang machen

Selbst nachdem sie dieses Buch gelesen haben, zweifeln manche Eltern vielleicht noch an ihrer Fähigkeit, die Techniken des Imaginations-Trainings zusammen mit ihrem Kind anzuwenden, oder sie machen sich vielleicht Sorgen, daß zum gegebenen Zeitpunkt sie oder ihr Sohn oder ihre Tochter sich damit schwer tun. Wenn das bei Ihnen der Fall ist, erinnern Sie sich, wie grundlegend einfach das IT ist: Es ist nichts anderes, als daß Sie Ihr Kind lehren, seine eigene Phantasie zu benutzen, um etwas zu erreichen, das es sonst nicht erreichen könnte. Denken Sie auch immer daran, daß fast jedes Kind Spiele mit seiner Vorstellungskraft und Phantasie von Natur aus beherrscht.

Wählen Sie einen Bereich aus, in dem Sie sich wohl fühlen, und legen Sie im vorhinein fest, was Sie sagen werden. Vertiefen Sie das Thema dann, wenn es soweit ist. Vielleicht ist der Cloud-Copter für Sie einfach zu beschreiben, aber möglicherweise tun Sie sich auch mit einer etwas »konkreteren« Figur, die Sie schon seit Jahrzehnten kennen, zum Beispiel Superman, leichter. Sie werden erstaunt feststellen, daß selbst der kleinste Samen, das kleinste Bild, das Sie in die Vorstellung Ihres Kindes legen, dort wachsen und gedeihen wird.

Wenn es Ihnen widerstrebt, das IT auszuprobieren, weil es nicht wahrhaftig ist – ein Pfennig kann Ihnen schließlich nicht wirklich Glück bringen, sagen Sie –, dann stellen Sie sich das IT doch eher als Quelle der Ermutigung für Ihr Kind denn als Lüge vor, so wie den Weihnachtsmann oder die Zahnfee.

Auf lange Sicht werden Sie sich Zeit sparen, wenn Sie sich jetzt ein wenig davon zur Einführung einer dieser Techniken nehmen. Denn Sie sparen damit die Zeit, die verlorengeht, wenn Ihr Kind weiterhin Angst hat und Sie versuchen, ihm mit fruchtlosen vernünftigen Erklärungen darüber hinwegzuhelfen. Und ich kann es nicht oft genug wiederholen: Es dauert länger, die Beschreibung eines IT-Themas zu lesen, als sie Ihrem Kind tatsächlich vorzuschlagen! Um Ihre Vorbehalte zu überwinden, empfehle ich Ihnen, die folgenden drei Schritte zu beherzigen, wenn Sie das IT einführen:

1. Schaffen Sie mit Ihrem ersten Satz eine Atmosphäre des Vertrauens, um ein furchtsames Kind zu beruhigen und ihm Sicherheit zu geben: »Ich weiß, daß du traurig bist« oder »Das kann wirklich zum Fürchten sein«.
2. Als nächstes machen Sie es mit dem Gedanken, eine Lösung zu finden, vertraut: »Laß uns mal überlegen, was wir dagegen tun können« oder »Ich wette, wenn wir beide nachdenken, finden wir einen Ausweg«.
3. Vermitteln Sie Ihre Botschaft auf beruhigende, zuversichtliche Weise: »Ich hab gehört, daß ein besonderer Stift, den du auf ganz bestimmte Weise hältst, dir helfen kann, die Schulaufgabe zu bestehen. Warum probieren wir das nicht mal?«

Sie werden sehen, daß Ihr Kind, sobald Sie den Vorschlag gemacht haben, die Idee begeistert aufgreifen wird. Geben Sie ihm den Stift, und es wird gleich seine Kraft spüren.

Bedenken Sie, daß verschiedene Anlässe verschiedene Strategien erfordern. Eine direkte Sprache zu verwenden ist in Streßsituationen meist das Hilfreichste: Wenn Ihr Kind sehr verängstigt ist, versuchen Sie es mit einem zuversichtlichen »Ich werde dir helfen«. Wenn es sich nicht um eine Krisensituation handelt, können Sie entspannter vorgehen nach dem Motto »Wär doch interessant zu sehen, was passiert, wenn ...«

Auch wenn wir versucht haben, viele der verschiedenen Stadien anzusprechen, die Kinder durchlaufen, während sie aufwachsen, gerät Ihr Kind vielleicht gerade in ein Dilemma, das wir hier nicht behandelt haben. Erinnern Sie sich daran, daß das IT sich zur Lösung fast jeder Art von Problemen eignet, vom Verringern von Angst und Schmerz bis hin zur Milderung von Phobien und dem Ablegen schlechter Gewohnheiten.

Viele Kinderärzte haben Möglichkeiten gefunden, diese Methoden in ihre tägliche Behandlungspraxis zu integrieren, um Kindern zu helfen, sich Nägelkauen, Daumenlutschen oder Bettnässen abzugewöhnen. Es lohnt sich, Ihren Kinderarzt auf das IT anzusprechen, wenn Sie Rat zu einem dieser sehr verbreiteten Probleme brauchen. Das Besondere am Imaginations-Training ist, daß es, wie die Phantasie selbst, keine Grenzen hat. Es gibt auch keine Grenzen für das, was Sie mit dem IT erreichen können.

Dank

Ich möchte mich bei meinem Lektor Len Canter bedanken, der mir durch seine unschätzbare Unterstützung geholfen hat, dieses Projekt zu realisieren.

Zum Weiterlesen

DuBois, Reinmar: Kinderängste. Erkennen, verstehen, helfen. München: Beck'sche Reihe, Bd. 1137, ²1996.

Friese, Hans-Jürgen und Antje Friese: Manchmal habe ich solche Angst, Mama. Wie Eltern ihren Kindern helfen können. Freiburg i. Brsg.: Herder 1997.

Müller, Else: Hilfe gegen Schulstreß. Anleitung zu Autogenem Training, Atemgymnastik und Meditation für Kinder und Jugendliche. Reinbek bei Hamburg: rororo 7877.

Preuschoff, Gisela: Kleine und große Ängste bei Kindern. Wie Eltern helfen können. München: Kösel ²1995.

Rogge, Jan-Uwe: Kinder haben Ängste. Von starken Gefühlen und schwachen Momenten. Reinbek bei Hamburg: Rowohlt 1997.

Stein, Arnd: Mein Kind hat Angst. Wie Eltern verstehen und helfen können. Bergisch-Gladbach: Bastei-Lübbe Taschenbuch 66210.

Walter, Dagmar C.: Autogenes Training für Kinder. Phantasiereisen zum Entspannen. München: Deutscher Taschenbuch Verlag 1998.

Zlotowicz, Michel: Warum haben Kinder Angst? Stuttgart: Klett-Cotta 1983.